Babyleicht?!

VON MAMAS ♥ FÜR MAMAS

Babyleicht?!

DIE GEHEIMEN TIPPS UND TRICKS FÜR DAS WUNDERBARE UND ANSTRENGENDE ERSTE JAHR MIT BABY

REDAKTION: JULIANE GRINGER

Eden
BOOKS

Inhalt

Willkommen im Club!

Es gibt diesen Moment, wenn du eine andere Mama auf der Straße siehst und sich eure Blicke kurz treffen. Sie hat Augenringe bis zum Mond, ihr weinendes Baby in der Trage eng an den Körper geschnallt und schuckelt auf und ab, um es zu beruhigen. Sie holt ihre Achtjährige von der Schule ab, trägt drei schwere Taschen und trotzdem ein Lächeln im Gesicht und fragt ihre Tochter: „Wie war dein Tag, Schatz?". Oder sie diskutiert mit ihrem drei Jahre alten Sohn auf dem Spielplatz darüber, dass man nicht zwei Eis an einem Tag essen sollte und ihr bricht der Schweiß aus, weil der Kleine so irre laut brüllt. Ihr schaut euch nur ganz kurz an und du denkst: „Ich weiß, wie es dir jetzt geht. Du bist verzweifelt, einsam, traurig, wütend, überfordert. Aber du tust dein Bestes und das ist perfekt!"

Mamas sind perfekt, weil sie so voller Liebe sind. Und mehr als Liebe brauchen Babys eigentlich nicht – dann aber wieder doch. Wir müssen wickeln, füttern, trösten, anziehen, ausziehen, Wäsche waschen, aufräumen, Lebensmittel einkaufen, Arzttermine erledigen, Kinderbetreuung organisieren, wieder aufräumen, in den Schlaf wiegen, putzen, kochen, die Familie besuchen, Krankheiten überstehen und durchwachte Nächte – und schon wieder aufräumen. Mama sein ist ein 24-Stunden-Job, der nur mit Glücksmomenten bezahlt wird. Und dieses Glück ist einem nicht immer ganz bewusst in all dem Wahnsinn zwischen Wochenbett und Krabbelkurs.

Da draußen gibt es Millionen Frauen, denen es genauso geht wie dir. Sie wissen, was es heißt, wenn du schon alles versucht hast und dein Kind trotzdem nicht einschläft. Wenn du bei einer Magen-Darm-Grippe gerade zum fünften Mal die Bettwäsche abziehst. Oder wenn du zu müde bist, um jetzt schon wieder eine Runde spazieren zu gehen. Du bist nicht allein. Nein, du bist Mitglied im »Club«: Im geheimen Club aller Mütter dieser Welt. Eintritt direkt über den Kreißsaal (oder wo sonst du dein Baby zur Welt gebracht hast). Ihr seid eine Gemeinschaft, die für immer miteinander verbunden sein wird. Und ihr könnt euch gegenseitig helfen und unterstützen. Ob das die beste Freundin ist, die dein Baby mal mitnimmt, wenn sie mit ihren Kids auf den Spielplatz geht. Oder die Mama aus der Nachbarschaft, die dir verrät, wie sie das gewuppt hat mit der Beikost. In diesem Buch findest du ganz viele solcher Tipps und Tricks, mit denen Mütter ihren Alltag rocken. Es sind Frauen, die ihr Leben in den sozialen Medien teilen und auf Instagram und Co. zeigen, wie ihre Kinder aufwachsen. Es sind Mamas wie du, sie sind im Club und sie sind hier, um ihr Wissen mit dir zu teilen. Damit es sich alles ein bisschen leichter anfühlt und du ein bisschen mehr spüren kannst: Alles ist gut. Dein Baby ist bei dir und ihr beide schafft das.

#1 Baby-Wellness

Frisch gebackene Eltern wollen nur eins: Dass es diesem zauberhaften neuen Mitbewohner gut geht. Am liebsten immer, in jeder Sekunde seines noch so jungen Lebens. Dass das Baby glücklich ist und das am besten auch bitte der ganzen Welt zeigt, indem es vor Freude nur so gluckst. Mama und Papa geht bei jedem noch so kleinen fröhlichen Mundwinkelzucken das Herz auf.

Doch es ist oft alles andere als einfach, so einen Minimenschen den lieben langen Tag bei Laune zu halten – vor allem, weil man als Erziehungsberechtigte ja auch ein paar äußerst uncoole Sachen abzuhaken hat: Wickeln, Waschen, Zähneputzen zum Beispiel. Die meisten Babys finden das nicht so spannend und mutieren zwischen Windelwechsel und Badewanne schnell mal zu Drama Queen oder Drama King. Und frische Luft mögen sie zwar gern, aber dass man sich dafür spätestens im Winter ein bisschen dicker anziehen sollte, finden sie mehr als lästig.

Für Mama und Papa gilt es, in all solchen Situationen im Alltag nicht die Nerven zu verlieren, sondern die Sachen mit ganz viel Geduld und Liebe anzugehen. Tricks sind natürlich auch hier mehr als erlaubt: Sei es das Wundermittel Muttermilch, das Babys nicht nur satt, sondern auch ihre Haut schön macht. Oder der Föhn als ultimatives Tool zur Ablenkung und Unterhaltung. Sei es engagierter Gesang oder der beherzte Griff zum Spucktuch, mit dem das Kind auch schon mal eingewickelt wird, damit es doch endlich selig schlummern möge – erlaubt ist, was funktioniert! Wir hätten da noch so ein paar Ideen…

Janina, 23
2 Kinder | Instagram: janina1604

WARME LUFT AUF DEM WICKELTISCH

Manche Babys hassen Wickeln. Und damit meine ich nicht »sie mögen es nicht so gern«, nein, ich meine: Sie hassen es. Abgrundtief. Mein Sohn gehörte zu dieser Spezies. Ich brauchte ihn nur auf die Wickelkommode zu legen und schon ging es los, er protestierte heftig. Da half kein Rumtanzen und mit den »Zehn kleinen Zappelmännern« brauchte ich ihm erst recht nicht zu kommen. Als meine Hebamme das einmal mitbekam, gab sie mir den Tipp, den Föhn anzumachen und seinen Körper beim Wickeln auf kleiner Stufe sanft zu föhnen. Und siehe da, es hat geklappt. Seine anfängliche Skepsis gegenüber dem Föhn wich Begeisterung und die warme Luft wurde zu unserem Wickelritual, auf das sich mein Sohn jedes Mal jauchzend freute.

Michelle, 23
1 Kind | Instagram: mi.chelle__

SANFTES ABTROCKNEN

Unsere Lene hat Baden von Anfang an geliebt. Nur das Abtrocknen danach war anfangs ein großes Problem. Obwohl es im Zimmer warm war, das Handtuch weich und das Abtrocknen weder hastig passierte noch zu lange dauerte, fing sie jedes Mal bitterlich an zu weinen. Wir wussten nicht, was wir anders machen sollten. Dann hab ich mir vorgenommen, aus dem Abtrocknen ein schönes Ritual werden zu lassen. Nach dem Baden hab ich ihre Spieluhr mit »You are my sunshine«-Melodie aufgezogen, habe mitgesungen, sie nur kurz im Handtuch trocken getupft und dann gab es eine Baby-Ganzkörpermassage. Es gefällt ihr super, das Singen und die Massage beruhigen sie und nach dem Baden wird seitdem nicht mehr geweint.

Vika, 27
1 Kind | YouTube: Vikabella

MUTTERMILCH ALS BADEZUSATZ

In den ersten Monaten benötigen Babys, die keine Hauterkrankungen haben, wirklich keine Badezusätze. Falls die Haut des Babys trocken sein sollte, einfach etwas Muttermilch oder Öl dazugeben. So habe ich es gemacht und es hat super funktioniert.

Jana, 29
2 Kinder | Blog: mammaville.de

HORMONGESTEUERTE EINKÄUFE

Erst beim zweiten Kind hatte ich das Thema Babypflege wirklich raus. Manchmal taten mir dann die Firmen leid, die im Drogeriemarkt auf fünfzig Regalmetern diese zahllosen, völlig nutzlosen Produkte anbieten. Dass ein Baby nicht mehr als ein bisschen Wasser und etwas Mandelöl braucht, hat sicher unzählige Marketingexperten in den Wahnsinn getrieben. Weil ich, hormongesteuert wie ich war, oftmals weinen musste, wenn ich an die vielen Arbeitsplätze dachte, die hier an meiner Kaufkraft hingen, kaufte ich hin und wieder trotzdem eine Creme mit der Aufschrift »gut für Babys zarte Haut - ohne Zusätze« – in der Hoffnung, dass sie auch gegen meine Augenringe helfen würde.

Julia, 29
2 Kinder | Blog: capuletscuties.de

ZÄHNE PUTZEN MIT LEO

Was bin ich damals geplatzt vor Stolz, als bei unserem Sohn die ersten Zähne kamen. Ganz enthusiastisch machte ich mich mit Fingerling und Baby-Zahnpasta bewaffnet ans Werk. Und es klappte super! Bis er mit etwa elf Monaten anfing, einen eigenen Willen zu entwickeln, der uns beim Thema Zähneputzen plötzlich an unsere Geduldsgrenzen brachte. Junior begann sich zu wehren – und zwar kräftig. Hauen, in die Zahnbürste beißen – das volle Programm! Wir haben nichts unversucht gelassen: erklären, motivieren, festhalten. Alles doof. Die Zahncreme war überall, nur selten da, wo sie hingehörte. Bis ich irgendwann den rettenden Einfall hatte, der während dieser Phase wahre Wunder bewirkte: Ja, wir haben unserem Sohn ein Smartphone in die Hände gedrückt. Und so hat »Leo, der neugierige Lastwagen« ihm blitzeweiße Model-Zähne beschert.

Rebecca, 25
1 Kind | Instagram: batmom_and_little_robin

DER FÖHN MACHT'S

Unsere Hebamme hatte uns geraten, Babys Nägel nicht zu schneiden, sondern einfach wachsen zu lassen. Das war super. Aber irgendwann kamen wir ums Nägelschneiden nicht mehr herum – genauer: Ich kam nicht mehr darum herum. Denn Papa fehlte dazu sowieso das Feingefühl. Leicht war es nie, weil Robin immer ordentlich gezappelt hat. Unsere Rettung war dann der Föhn! Wir mussten ihn nur einschalten und Robin entspannte sich, scheinbar beruhigte ihn das Geräusch. Fingernägel und Fußnägel schneiden kann sehr einfach sein, wenn das Baby stillhält. So schafft es sogar der Papa!

Sandra, 28
2 Kinder | Instagram: zuckerwattenwunder

ZU VIEL LIEBE GIBT ES NICHT

»Lass sie doch schreien!« oder »Spring nicht gleich auf, wenn sie schreit!«: Das durften wir uns ständig anhören und es machte mich manchmal wirklich sehr wütend. Ich begreife bis heute einfach nicht, warum ich mein armes schutzbedürftiges Baby schreien lassen sollte. Es brauchte mich und meine Nähe, fühlte sich vielleicht gerade alleine. Doch uns wurde nur immer wieder gesagt, wir würden sie verwöhnen und dann mit den Konsequenzen leben müssen – was für Konsequenzen das angeblich sein sollten, wusste dagegen niemand. Wir haben instinktiv gehandelt und sie nicht schreien lassen. Heute weiß ich, dass das genau richtig war. Man kann seine Kinder nicht mit Liebe und Nähe verwöhnen. Jede Mutter und jeder Vater weiß, was richtig ist für sein Kind.

Michelle, 22
1 Kind | Instagram: aus_zwei_mach_vier

KURSE SIND SUPER

Wir haben bei allen Kursen mitgemacht, die angeboten wurden, von der Geburtsvorbereitung bis zur Rückbildung. Ich kann nur empfehlen, solche Gelegenheiten wahrzunehmen! Am schönsten waren Babymassage und Schwimmen – unser Sohn war danach immer so ausgeglichen und zufrieden. Und das Beste waren die anderen Mamas und Babys. Bis heute haben wir Kontakt und treffen uns regelmäßig mit ihnen.

Nela, 36
1 Kind | YouTube: NelaLee

VOLLGASBABY AUF DEM ROLLKOFFER

Unser Kind ist einfach ein Vollgasbaby. Mit acht Monaten konnte Nicolas schon mit Unterstützung die ersten Schritte gehen, Schränke öffnen, Vorhangstangen herunterreißen, Schubladen öffnen, sich die Finger einklemmen – wir schrammten unzählige Male gerade so am Besuch beim Kinderarzt vorbei. Ich hatte natürlich keine Lust auf Gehirnerschütterung oder ähnliche schlimme Verletzungen bei dem Kleinen, deshalb war ich als Mama 24/7 gefordert und passte immer höllisch auf, dass er ausreichend gefahrloses Entertainment bekam. Spielsachen waren immer genau zwei Minuten interessant, bis wieder etwas Neues her musste. Ich brauchte also etwas, das immer funktioniert, sein Gebrüll sofort stoppt und seine Konzentration länger als zwei Minuten beansprucht. Und ich habe es gefunden: Rollkofferfahren! Nichts macht meinen Sohn glücklicher, als auf dem Rimowa zu sitzen und damit durch die Wohnung bugsiert zu werden. Egal wie schlecht die Laune ist – wenn der Kofferzug startet, ist mein Sohn ganz vorne mit dabei.

Sandra, 28
2 Kinder | Instagram: zuckerwattenwunder

SING DAS JACKENLIED!

Unser Sohn hat Anziehen immer gehasst. Sobald er Jacke und Schuhe sah, fing er lautstark an zu protestieren. Es war ein wahrer Krampf, er hat sich richtig steif gemacht und dadurch ging es nicht gerade schneller. Ich habe oft damit gerechnet, dass es jeden Moment an der Tür klingelt und die Nachbarn davorstehen, weil sie denken, ich quäle mein Kind. Irgendwann fing ich an, ihm beim Anziehen Lieder vorzusingen. Ganz leise, mit sanfter Stimme. Es half! Er schaute mich an, beobachtete meinen Mund und war ganz aufmerksam. Dabei fiel ihm gar nicht mehr auf, dass ich ihn nebenbei einfach weiter anzog. Seitdem klappt das auch ohne wildes Geschrei.

Julia, 36
2 Kinder | Blog: doppelkinder.wordpress.com

GEDIPPTER SCHNULLER

Eher durch einen Zufall bin ich auf folgende Möglichkeit gekommen, um Schreikrämpfe bei unseren Zwillingen zu unterbrechen. Mein Erstgeborener brüllte sich mit wenigen Lebenswochen auf meinem Arm mal wieder lautstark in Rage. Nichts hat wirklich geholfen, kein Umhertragen, kein Fliegergriff, kein Schnuller. Bei unserem Marsch durch die Wohnung fiel letzterer plötzlich auf den Fußboden. Ich habe den Nuckel schnell unter fließendes Wasser gehalten und ihn dann Pepe zurück in den Mund geschoben. Offenbar hat er so anders geschmeckt als vorher, dass Pepe total verdutzt war und schlagartig Ruhe herrschte, weil er fasziniert am Nuckel gesaugt hat. Noch besser klappte es mit Fenchel-Anis-Kümmel-Tee – natürlich ohne Zucker oder Honig und nicht zu heiß. Wenn eines der Kinder sich absolut nicht beruhigen ließ, habe ich den Schnuller kurz in die Tasse gedippt, dann zurück in die Schnute des Schreihalses gesteckt und die Schreiorgie war unterbrochen. Dieses Ablenkungsmanöver funktioniert auch heute noch hervorragend.

Sandra, 28
2 Kinder | Instagram: zuckerwattenwunder

NUCKEL FÜR DEN WEIHNACHTSMANN

»Gebt ihr bloß keinen Nuckel, davon bekommen Kinder schiefe Zähne« und: »Du wirst totale Probleme haben, ihr den Schnuller abzugewöhnen!« – solche Sätze hörte ich ständig, sobald ich den Nuckel herausholte, um mein Kind (heute sieben) zu beruhigen, nachdem alles andere scheiterte. Aber mir war es egal, was andere sagten: Wenn mein Kind ihren »Nunu« zur Beruhigung brauchte, dann war das eben so.
Unser Zahnarzt ist sehr zufrieden mit den Zähnen unserer Tochter. Und den Nuckel hat sie mit vier Jahren dem Weihnachtsmann im Tausch gegen Geschenke gegeben – dass in dem Kostüm ihr Opa steckte, weiß sie bis heute nicht.

Christine, 35
2 Kinder | Instagram: Happysideofmylife

SCHNULLER-TRAINING

Wie viele Erstmütter hatte auch ich den Vorsatz, mein Kind ohne Schnuller großzuziehen. Wir hatten einen schwierigen Start beim Stillen und ich hatte Angst vor Saugverwirrung. Doch schon im Krankenhaus wurde Jan sein erster Schnuller »anvertraut«, den wir dann auf der Fahrt nach Hause auch gut gebrauchen konnten. Dort habe ich das Ding aber schnell wieder in der Schublade verschwinden lassen. Nach ein paar Wochen und den ersten Wachstumsschüben hab ich meine Vorsätze über Bord geworfen und ihn wieder hervorgeholt. Nur wollte Jan da nichts mehr von seinem Schnuller wissen. Das hatte ich mir doch anders erhofft. Ich habe ihm den Nuckel deshalb mehr oder weniger wieder »antrainiert« und bin heute noch dankbar für jeden Moment, in dem er Jan beruhigt und unsere Nerven etwas entlastet hat.

Daniela, 33
1 Kind | Facebook: gluckeundso

MEIN FREUND, DAS SPUCKTUCH

Spucktücher waren in der Babyzeit unsere allerbesten Freunde, denn damit konnte man nicht nur Milchflecken auffangen oder wegwischen, sondern auch super über dem Kind hin und her wedeln und somit große Freude zaubern.

Kamila, 25
1 Kind | Instagram: fieska

DOPPELT HÄLT BESSER

Adrian trank nachts immer sehr viel, bis zu einen ganzen Liter Wasser! Als ich beim Kinderarzt nachgefragt habe, erklärte er mir, dass es normal sein kann, wenn Babys und Kinder bis zum dritten Lebensjahr viel trinken. Wir haben einen Urintest durchführen lassen, um mögliche Krankheiten auszuschließen – es war alles in Ordnung. Aber das Dauertrinken wurde zum Teufelskreis: Wir mussten seine Windel vier- bis fünfmal pro Nacht wechseln und trotzdem waren Schlafanzug und Bettwäsche oft nass. Eine Bekannte riet mir, ihm über die normale Windel zusätzlich noch eine größere anzuziehen. So konnten wir seltener wechseln und das nächtliche Umziehen wurde uns erspart. Inzwischen trinkt er weniger, höchstens einen halben Liter pro Nacht und wir brauchen nur noch eine Windel.

Désirée, 33
4 Kinder | Instagram: backstoffmama_

BEIM ZWEITEN KIND IST MAN LOCKERER

Ich bin unsagbar froh, dass meine Drillinge mein »zweites Kind« sind. Denn man sieht da einfach manches lockerer. Für die Große gab es damals beispielsweise nur Wasser zu trinken. Dann kam Pia in die Krippe und dort gab es Saft. Sie verstand nicht, dass sie als einziges Kind kein »buntes Wasser« trinken durfte. Nach einer langen tränenreichen Zeit, in der ich auf »nur Wasser!« beharrt habe und mein Kind sehr unglücklich war, unterhielt ich mich mit meiner Zahnärztin. Sie hielt eine dünne Saftschorle zu den Mahlzeiten für bedenkenlos, wenn Pia sonst ausschließlich Wasser trinken würde. Damit war mein Mädchen endlich von ihrem Kummer erlöst. Sie hat nach wie vor gesunde Zähne. Wenn die drei Kleinen nun von ihrer dünnen Saftschorle trinken wollen, lasse ich alle Fünfe gerade sein.

Désirée, 33
4 Kinder | Instagram: backstoffmama_

JEDES KIND HAT EIGENE BEDÜRFNISSE

Als meine Drillinge einmal alle gleichzeitig schrien, weinte meine große Tochter bitterlich: »Mama, drei Babys sind einfach zu viel. Ich wollte nur ein Baby haben, nicht drei!«. Im ersten Moment war ich wie versteinert. Ja, auch mir war es manchmal zu viel. Für keines meiner Kinder konnte ich die Zeit aufbringen, die ich ihnen gerne geschenkt hätte. Aber ich kam zu der Erkenntnis, dass nicht die Zeit ausschlaggebend ist. Es ist vielmehr das Erkennen, was jedes einzelne Kind braucht. Meine Jungs brauchen sehr viel Nähe und Zuwendung, Pia möchte Aufmerksamkeit und spielen, Julia dagegen ist sehr zufrieden, möchte aber zwischendurch ihre Freude mit mir teilen. Seit ich gezielter auf diese

Bedürfnisse eingehe, wirken meine Kinder glücklicher. Sie lassen sogar besser los von mir – ich gebe und bekomme dadurch zurück. Als wirklich Ruhe eingekehrt war, fragte ich meine große Tochter: »So, nun sag mal: Welche zwei Babys soll ich wieder zurückbringen?«. Sie schaute mich entsetzt an und antwortete: »Keins, Mama. Ich liebe doch alle!«. In diesem Moment habe ich angefangen, meiner Intuition zu vertrauen und stolz auf mich zu sein.

Janine, 31
1 Kind | Instagram: Janiniditahiti

MUSIC MAKES THE BATH GO ROUND

Fynn, der jetzt acht Monate alt ist, mochte Baden von Anfang an nicht. Er weiß oft nicht, ob er lachen oder weinen soll und zieht eine Schnute, sobald man ihn ins Wasser hebt. Aber gebadet werden muss er ja, wie schafft man das also ohne großes Gezappel und Geschrei? Bei uns geht es so: Mein Mann und ich baden ihn immer gemeinsam. Wir halten ihn zusammen fest und wenn wir beide jeweils eine Hand unter seinen Rücken halten, dann fühlt er sich sicher und ist meist schon ruhiger. Dann stellen wir noch das Internetradio mit Kinderliedern an und singen beim Baden mit – damit bringen wir ihn meistens zum Lachen und das Baden wird letztendlich doch noch zum Vergnügen.

Michelle, 23
1 Kind | Instagram: mi.chelle__

DIE GUTEN RATSCHLÄGE

Jeder kennt sie, keiner mag sie. Sie sind immer nur lieb gemeint, trotzdem kann man sie schnell nicht mehr hören: Die vielen guten Ratschläge von der eigenen Mama, der Schwiegermutter, Omas und sogar beim Einkaufen von den Damen an der Kasse: »Du musst es auch mal schreien lassen, ist gut für die Lungen.«, »Wer zu viel kuschelt, verwöhnt sein Kind am Ende nur.«, »Also wir haben damals nur alle vier Stunden gefüttert, sonst kommt man doch zu nichts.« Jedem fällt etwas ein, das man doch anders machen sollte. Doch die ver-meintlich guten Tipps kommen aus ganz anderen Generationen. Vor dreißig und sechzig Jahren war alles anders, es galten andere Regeln und Bilder in der Gesellschaft, die Frau zu erfüllen hatte. Heute hat sich zum Glück vieles geändert! Dinge, die damals als richtig galten und es zu der Zeit vielleicht auch waren, weil man es nicht besser wusste, werden heute hinterfragt. Und wenn wir ehrlich sind und einfach auf unser Bauchgefühl, Mutterinstinkt, Beschützerinstinkt und auf unser Herz hören, dann wissen wir ganz genau, was für uns und unser Kind richtig ist. Das wird bei jedem etwas anderes sein. Es gibt nicht den einen richtigen Weg. Wie auch? Alles, was wir tun, kann für uns und unser Kind immer nur so richtig sein, wie wir selbst uns mit der Entscheidung dafür wohlfühlen.

Heidi, 37
4 Kinder | YouTube: Rosella Mia

DER BRUDER DARF KUSCHELN

Als unser vierter Sohn Lesandro zur Welt kam, war sein Bruder Jean-Luca gerade mal 18 Monate alt – eine aufregende Zeit, die nicht immer ganz leicht war. Jean-Luca forderte ununterbrochen meine Aufmerksamkeit und konnte sich natürlich noch nicht selbst beschäftigen, wie die beiden Großen, die zum Beispiel gern gepuzzelt haben, während ich den Kleinen gestillt habe. Doch bald hatte ich auch da den Trick heraus: Der Jüngste wurde angelegt und mein Jean-Luca durfte sich einfach auch an Mamas Brust kuscheln. Dabei hat er sogar noch etwas gelernt: Rücksicht auf sein Geschwisterchen zu nehmen, obwohl er doch auch noch ein »Baby« war – und er selbst genauso gern den kompletten Platz eingenommen hätte. In einer großen Familie wie unserer kann das Zusammenleben nur gut funktionieren, wenn jeder auch auf die anderen schaut.

Sophia, 28
1 Kind | Instagram: sophia_pauline

SPUCKTUCH, ÄH: PUCKTUCH!

Ich muss gestehen: Ich war weder in einem Geburtsvorbereitungskurs noch in einem Babykurs. Schließlich hat meine Mama mich auch ohne all das ganz gut groß bekommen. Ich hatte also keine Ahnung, was Pucken ist. Und ich dachte lange Zeit, dass Pucktuch eigentlich Spucktuch bedeutet. Bis zu dem Tag, an dem mir meine Schwiegermutter erklärte, wie und vor allem warum man ein Baby puckt. Da waren für mich schon einige Wochen als Neu-Mama vergangen und ich wünschte, ich hätte früher gewusst, welch wunderbare Wirkung das auf ein Baby haben kann. Beim Pucken wird das Baby auf dem Rücken liegend relativ stramm in ein großes Tuch eingewickelt, sodass die Arme eng am Oberkörper anliegen. Diese Haltung ähnelt den eher beengten Verhältnissen im Mutterleib, wodurch sich das Kind beruhigt und auch der schlimmste Schreianfall schnell abebbt. Anleitungen zum richtigen Pucken findet man im Netz, es gibt auch gute Tutorials auf YouTube dazu.

Jasmin, 27
bald 2 Kinder | Blog: familienimmerland.de

DAS BABY BLEIBT SÜSS

Gönnt euch im Wochenbett ganz viel Zeit für euch und das Baby! Freunde können warten. Natürlich wollen alle sofort vorbeikommen und euren Nachwuchs anschauen, aber das hat Zeit. Euer Baby ist auch nach zwei, vier oder acht Wochen noch total klein und süß. Außerdem ist es dann viel wacher und lächelt euren Besuch vielleicht sogar an.

Wissenswertes

- *Ein Kind wird durchschnittlich* 6.000 *mal gewickelt, bevor es trocken ist – etwa 2.200 mal davon im ersten Jahr.*[1]

- *Ein Neugeborenes, das gestillt wird, braucht etwa* 6 BIS 8 *Windeln pro Tag.*[2]

- *Babys machen bis* 30 *Mal am Tag Pipi.*[3]

- *Trocken sind Kinder im Durchschnitt mit* 28 *Monaten, also kurz nach dem zweiten Geburtstag – Mädchen schaffen es in der Regel früher als Jungs. Und es gibt auch viele Spätzünder: 15 bis 20 Prozent der Fünfjährigen sind noch nicht komplett sauber.*[4]

- *Wegwerfwindeln sind ökologisch gesehen echter Mist: Es dauert zwischen* 200 BIS 500 *Jahren, bis ein Exemplar davon vollständig abgebaut ist.*[5]

- *Erfunden hat die Wegwerfwindel der Amerikaner Victor Mills, Gründer des Unternehmens Pampers: Für seinen Windel-Prototypen schnitt er einer* HOSE *die Beine ab und stopfte sie mit Holzstreu aus.*[6]

- *2 Stunden und 13 Minuten pro Tag verbringen Eltern im Durchschnitt mit der Betreuung von Kindern unter 6 Jahren. Eine Stunde davon fällt auf Beaufsichtigung und Körperpflege, eine gute halbe Stunde auf* SPIELEN *und Sport sowie 25 Minuten auf die Begleitung zu Terminen.*[7]

---

[1] Eltern.de
[2] Eltern.de
[3] Eltern.de
[4] Eltern.de
[5] http://programm.ard.de/TV/arte/wickeln--windeln--wegwerfen/eid_287247318054169?list=main
[6] http://programm.ard.de/TV/arte/wickeln--windeln--wegwerfen/eid_287247318054169?list=main
[7] http://www.zeit.de/news/2016-05/10/familie-eltern-verbringen-taeglich-80-minuten-mit-ihren-kindern-10133603

#2 So geht es Mama gut

Wir würden alles geben für unsere Kinder. Und oftmals tun wir es auch: Wir stellen unsere Bedürfnisse zurück, verzichten auf Schlaf, Essen und andere Banalitäten. Viele junge Mütter sind schon froh, wenn sie es bis zum Nachmittag geschafft haben, sich wenigstens die Zähne zu putzen. Ihre Augenringe sind mitunter so dunkel, dass sie perfekt mit Nagellack Marke »Chanel Noir« harmonieren – sie würden damit harmonieren, wenn Mama es überhaupt mal wieder schaffen würde, an so etwas wie das Auftragen von Nagellack auch nur zu denken. Das Leben mit Baby ist genauso wunderbar wie es furchtbar schrecklich anstrengend sein kann.

Dabei wissen wir ja spätestens aus den Sicherheitsanweisungen im Flugzeug: Wenn man weiteratmen will, gilt »Helfen Sie zuerst sich selbst!«. Alle sagen, wie wichtig es ist, dass man sich auch als Mutter Zeit für sich nimmt und sich um sich selbst und seine Bedürfnisse sorgt. Doch woher diese Zeit nehmen? Wie schafft man sich kleine Momente im Alltag, ohne dass einem das Baby oder der Papa die Freundschaft aufkündigen? Und was wollen wir überhaupt, was macht uns in diesen mitunter schwierigen ersten Monaten mit Kind ein bisschen zufriedener mit uns selbst? Wer wirklich wenig geschlafen hat, schafft es oft nicht einmal, diesen Gedanken richtig zu Ende zu denken.

Hilfe naht! Andere Mamas verraten euch hier, wie sie auch im schlimmsten Chaos die Nerven bewahren und sich zwischen Wäschebergen und Babyschreien kleine Inseln der Ruhe erschleichen. Denn meistens reichen schon kurze Auszeiten und Power-Mamas sind wieder bereit für den nächsten Einsatz.

Michèle, 32
1 Kind | Instagram: mimiundkruemel

DU BIST AUCH WICHTIG!

Anfangs wird man fast aufgesaugt von der neuen Rolle als Mami. Die Beziehung zum Baby wird aufgebaut, die Beziehung zum Mann verändert sich. Doch nach einer gewissen Zeit habe ich mich schon gefragt, wie es so mit meiner Beziehung zu mir selbst aussieht. Eines Morgens spürte ich einen heftigen Stich in der Schulter. Ich dachte, ich hätte mich an der Kleinen verhoben und zwang mich unter Schmerzen, mein normales Pensum an Tragen, Schuckeln und so weiter zu absolvieren. Tatsächlich stellte sich dann abends heraus, dass fast die komplette Schulter ausgekugelt war. Der Arzt konnte sich nicht vorstellen, wie ich das den ganzen Tag ausgehalten hatte. Als ich mich selber sagen hörte »Es musste ja gehen«, da wusste ich, dass mein Körper mir sagen wollte: »Hey, ich bin auch noch da!«. Und ich weiß, dass vor einem liebevollen Umgang mit Kind und Partner zuerst eine liebevolle Beziehung zu mir selbst steht.

Jana, 28
2 Kinder | Instagram: tinydaughters

ICH URTEILE WENIGER

Als Mama habe ich angefangen, weniger über andere Mütter zur urteilen. Und ich glaube, ich bin dadurch ein besserer Mensch geworden. Die Mama, die in der U-Bahn auf ihr Handy starrt, während drei Kleinkinder um sie herumtollen – früher hätte ich gedacht: »Soll sie sich doch lieber mit ihren Kindern beschäftigen.« Heute denke ich: »Ich kann verstehen, dass sie sich eine mentale Auszeit gönnt.« Die Mutter, die fröhlich Schokolade an alle ihre Kinder verteilt und sich dann entspannt zurücklehnt – früher hätte ich gedacht: „Die sind doch noch viel zu klein, um so einen Schund zu essen.« Heute denke ich: »Ich kann verstehen, dass sie sich ruhige drei Minuten gönnt, sie hat es sich verdient. Und was weiß ich, wie häufig diese Kinder Schokolade bekommen.« Niemand steckt drin in den Entscheidungen einer Mutter. Es ist jeder Frau selbst überlassen, wie sie den Familienalltag gestaltet. Solange die Kinder dabei Liebe, Aufmerksamkeit und Fröhlichkeit erfahren dürfen, ist alles gut.

Stefanie, 27
1 Kind | Instagram: mamiundich

MAMAS BRAUCHEN IHRESGLEICHEN

So wie unsere Kinder zusammen groß werden, so eng stehen sich auch meine Mamafreundinnen und ich. Die Themen gehen uns nie aus: Bauchweh hier, schlechte Schlafgewohnheiten da, Breitipps, Qualität von Matschhosen... Klischeehaft, ich weiß. Aber Mamas tauschen untereinander einfach die wertvollsten Infos aus. Und die »Gattung Mama« braucht ihresgleichen – Frauen, die es verstehen, wenn im Gespräch eine Tasse Kaffee verschüttet oder das Katzenklo ausgeleert wird oder wenn jeder Keks angebissen wieder in der Packung landet. Inmitten unserer Mama-Runde ist der ganze Zirkus einfach das Normalste der Welt und deshalb können wir alle dort einen Gang runterschalten.

Maggie, 23
1 Kind | Instagram: sophies.journal

KINDERKRIEGEN IST KEIN WETTKAMPF

Ich frage mich oft, warum manche Menschen das Kinderkriegen mit einem Wettkampf verwechseln. Warum muss alles immer höher, schneller, weiter sein? Kann man sich nicht einfach daran erfreuen, ein glückliches und gesundes Baby zu haben? Ich habe die Erfahrung gemacht, dass es wichtig ist, sich auf gar, gar keinen Fall stressen zu lassen! Denn den richtigen Weg für sich selbst findet man weniger in Büchern, Ratgebern und am allerwenigsten in anderen, sondern viel mehr in sich selbst und der eigenen Gelassenheit und Ausgeglichenheit.

Mary, 28
1 Kind | Instagram: marymitherz

DA DRAUSSEN IST IMMER JEMAND

Mein Baby war ziemlich sensibel und Kurse waren »too much« für sie. Um trotzdem Mütter kennenzulernen und mit anderen Mädels zu quatschen, habe ich mich über Facebook-Gruppen und Instagram mit ihnen vernetzt. Egal, wo du wohnst, und egal, wie lange du heute schon auf dem Sofa sitzt und stillst: Da draußen gibt es immer irgendwo eine Mama, die auch gerade ihr Handy in der Hand hat und jemanden sucht, mit dem sie sich austauschen kann.

Jasmin, 27
bald 2 Kinder | Blog: familienimmerland.de

ATMEN

Immer lieb und geduldig und niemals überfordert sein – das schafft niemand. Manchmal ist man einfach wütend, traurig und geschafft. In solchen Momenten hilft es mir, erst mal Raum zu gewinnen und aus dem Zimmer zu gehen. Wenn das nicht möglich ist, weil Samuel weint, gehe ich an die frische Luft mit ihm. Er kann sich im Wagen beruhigen und ich merke, wie ich wieder zu mir selbst finde. Es entspannt mich auch, ganz bewusst tief in den Bauch ein- und auszuatmen, am besten vor dem geöffneten Fenster. Wichtig ist außerdem, sich die Überforderung bewusst zu machen. Ich versuche zu akzeptieren, wenn ich mit einer Situation überfordert bin – es ist okay, wenn mir der Alltagsstress über den Kopf wächst, solange ich mir das eingestehe. Denn dann kann ich mir vom Partner oder der Familie unter die Arme greifen lassen. Manchmal reichen schon ein paar Stunden, in denen ich nicht alles allein bewältigen muss, um mir neue Energie zu geben. Und nach einem anstrengenden Tag überlege ich abends oft, was ich vielleicht beim nächsten Mal besser organisieren kann, um meine Zeit stressfreier zu gestalten.

Katarina, 37
4 Kinder | Instagram: personaltraining_pankow

JEDES KIND IST EINZIGARTIG

Als vierfache Jungs-Mama kann ich aus Erfahrung sagen: Jedes Kind ist einzigartig und auch einzigartig verrückt, lieb, durchgedreht, bockig, unterhaltsam, einfühlsam... Ich habe nie dagegen angekämpft, sondern bin immer den Weg des geringsten Widerstands gegangen und habe mich jedem Kind angepasst. Einer meiner Jungs wollte nicht gestillt werden, er hatte keinen Saugreflex. Die Hebamme riet zum Üben, ich mit meinen damals zwanzig Jahren hatte nur Angst, dass mein Kind verhungert und gab ihm nach ein paar Tagen die Flasche. So war ich entspannt und damit auch mein Baby. Milan, unser zweiter Sohn, war ein Frühaufsteher. Also bin ich einfach immer morgens um fünf Uhr mit ihm zu einem Coffee Shop gelaufen, um mir einen schönen Kaffee zu besorgen. Abgesehen davon war er ein so angenehmes Baby, dass wir gleich ein drittes gemacht haben. Mauritz hatte einen schwierigen Start, er hatte viele Bauchschmerzen. Der Fliegergriff hat bei ihm gerade nicht funktioniert, sondern seine Beschwerden sogar verstärkt. Unser Nesthäkchen Mika kam dann auch mit kurzem Abstand und war ein Kuscheltuch-Kind – ohne Mullwindel zum Schmusen wurde das Haus nicht verlassen. Ich habe das alles nie in Frage gestellt, sondern einfach gemacht, was passte: Damit ging es uns allen gut.

Alessia, 26
2 Kinder | YouTube: KunterBunter

WAS MICH MANCHMAL VERZWEIFELN LÄSST

Manchmal lasse ich mich ganz schön unter Druck setzen, wenn ich bei Instagram sehe, wie eine Mama drei Monate nach der Geburt ihren tollen Körper präsentiert und scheinbar alle außer mir keine Augenringe haben, aber dafür einen perfekten Haushalt. In den Babykursen hört man auch nur »Mein Kind schläft durch!«, »Mein Kind isst alles!«, »Mein Kind kann krabbeln!« und selbst steht man da und denkt: »What???«. Ich habe dann mal Tacheles geredet und siehe da, so vielen Mamas geht es wie mir: Schwangerschaftsstreifen, ein paar Pölsterchen und von Schlaf wollen wir lieber nicht reden. Auch die Beziehung ist eine Herausforderung. Ich war mit ein paar Freundinnen gleichzeitig schwanger und als unsere Babys auf der Welt waren, haben wir uns regelmäßig ausgetauscht und gemerkt: Jede von uns hatte mit Problemen zu kämpfen, jede Mama hat mit ihrem kleinen Wunder ihr Päckchen zu tragen. Ich finde solchen Austausch wichtig. Wenn ich mal spontan auf einen Kaffee vorbeikommen wollte, hörte ich oft den Satz: »Kannst gerne kommen, aber hier ist etwas Chaos...« – das tat so gut!

Monja, 21
1 Kind | Instagram: monjacarina

DER STEMPEL »JUNGE MAMA«

»Wenn Kinder Kinder kriegen…«, höre ich zwei ältere Damen im Bus abwertend tuscheln. Ich bin gemeint. Den Rest des Satzes nehme ich nicht mehr wahr. So ein Mist, so ein verdammter Bockmist! Rafael sitzt friedlich in seinem Wagen und strahlt die beiden fröhlich an. Es fehlt ihm an nichts, seine Teeflasche in der rechten, sein rotes Holzauto in der linken Hand. Wo steht denn bitte geschrieben, dass ich mit meinen jungen Jahren keine (gute) Mama sein kann? Immer wieder ärgere ich mich über die kritischen Ansichten und die Voreingenommenheit der Gesellschaft gegenüber jungen Müttern. Und jedes Mal muss ich nur einen Blick auf Rafael werfen, mir in Gedanken auf die Schulter klopfen und bestätigen: Ich hab das Ganze ziemlich gut im Griff, uns geht es gut und eine schönere Kindheit könnte ich mir für Rafael nicht vorstellen.

Tessa, 27
1 Kind | Instagram: tessa.bergmeier

DAS BABY AUCH MAL HINFALLEN LASSEN

Es klingt total hart, aber ein Baby muss auch mal hinfallen dürfen: Als meine Tochter anfing, zu krabbeln und sich überall hochzuziehen, war ich ständig im Stress, weil ich nur hinter ihr her hechtete und versuchte, sie aufzufangen. Meine Mutter meinte dann zu mir: »Mensch Tessa, entspann dich mal! Sie muss sich auch mal weh tun, um etwas zu lernen, sie muss sich ausprobieren können.« Ich habe übers Internet schadstofffreie Puzzlematten bestellt. So konnte die Kleine gefahrlos fallen lernen und auch ich habe gemerkt: Wir Mamis dürfen auch Fehler machen, das ist menschlich und niemand ist perfekt.

Paloma, 23
1 Kind | Instagram: momcrusheveryday

DURCHATMEN UND DANN WIEDERKOMMEN

Klar: Das Kind steht im Fokus und wenn unsere Babys glücklich sind, dann sind wir es auch. Mir war aber oft nicht bewusst, wie stark ich es an mein Kind weitergebe, wenn ich mal innerlich unzufrieden bin. In verzweifelten Situationen hat es mir immer geholfen, kurz den Raum zu verlassen, tief durchzuatmen und dann wiederzukommen. Und ich tue mir regelmäßig auch selbst etwas Gutes: abends mal auf der Couch zu sitzen und meine Lieblingspralinen essen oder meine Tochter bei ihrem Papa lassen und mich mit einer Freundin zum Sushi-Essen treffen. Vor allem tut mir Sport gut, ich trainiere dreimal pro Woche. Nur da bekomme ich den Ausgleich, den ich brauche!

Tina, 25
2 Kinder | Instagram: mamilein

MAMA, KEEP CALM

»Schlafe, wenn dein Baby schläft!«: Das hast du sicher tausendmal gehört und denkst dir wahrscheinlich: »Klar, danke! Dann putze ich auch, wenn das Baby putzt und koche, wenn das Baby kocht!«. Aber glaub mir: Die Wäsche kann auch mal ein Stündchen warten und dem Staubsauger ist es auch wurst, wenn ihr ihn einfach mal stehen lasst. Denn wenn ihr nicht wie ich nach fünf Monaten kurz vor dem Burn-out stehen wollt, dann legt euch wirklich einfach mal hin! Es wird euch niemand einen Vorwurf machen und wir sind eben keine Roboter-Moms. Ich sage: »Muddi, keep calm und schlafe, wenn das Baby schläft!«

Christin, 28
2 Kinder | Instagram: christiinamour

PAUSEN PASSIEREN NICHT VON ALLEINE

Es ist unglaublich wichtig, nach sich selbst zu schauen und Pausen zu machen! Und die muss man planen, denn wenn man nur hofft, dass man schon irgendwann am Tag etwas Zeit nur für sich alleine haben wird, kann man lange warten. Dabei sind kleine Auszeiten so wertvoll: Mal eine halbe Stunde spazieren gehen, auf dem Sofa gemütlich eine Tasse Tee trinken, Musik hören oder ein gutes Buch lesen. Oder duschen: Nichts hilft besser als duschen und zwar lange und alleine. Einfach abschalten und alles abwaschen, was einen den Tag über geärgert hat. Ich finde: Wir dürfen nicht vergessen, dass wir auch hier Vorbilder für unsere Kinder sind. Sie ahmen uns nach und übernehmen Verhaltensweisen, die sie bei uns Erwachsenen abschauen. Deshalb ist wichtig, dass sie lernen, dass Pausen absolut notwendig sind, um neue Energie und Kraft zu tanken.

Désirée, 33
4 Kinder | Instagram: backstoffmama_

DER WICHTIGSTE ZEITPUNKT IST »JETZT«

Ich habe mich mit drei Babys und einem Kleinkind an der Hand getrennt. Denn ich bin überzeugt: Der wichtigste Zeitpunkt ist »jetzt«. Das, was wir jetzt erleben, ist das Einzige, was wir haben. Ich selbst wollte glücklich sein und ich will meine Kinder glücklich sehen und zwar heute und jeden Tag in Zukunft. Ich habe die Situation angenommen, allein zu sein mit meinen vier wundervollen Kindern. Manche Tage fordern mich wirklich sehr. In manchen Nächten wache ich auf und ein Baby liegt auf mir, das ich dann gegen das andere schreiende und zahnende Baby im Kinderzimmer austausche. Es ist anstrengend, aber es macht mich gleichzeitig wahnsinnig stolz. Ich schaffe so viel, das ich zuvor nicht für möglich gehalten habe. Ich lache so viel mehr – ich lebe wieder!

Maggie, 23
1 Kind | Instagram: sophies.journal

EIN BRIEF AN DICH

Ich habe meiner Tochter zu ihrer Taufe einen Brief geschrieben. Darin erzähle ich ihr von meinen Gefühlen, was ich uns für die Zukunft wünsche und wie wichtig sie mir ist. Sie wird den Brief erst in vielen Jahren lesen und verstehen können, aber ich denke, es wird wunderschön für sie sein. Und für mich war es eine tolle Gelegenheit, in diesem ganzen Mama-Wahnsinn kurz innezuhalten und mir bewusst zu werden, wie dankbar ich für meine kleine Familie bin.

Alex, 43
3 Kinder | Instagram: die.wohnsinnige

VERTRAUT EUCH SELBST!

Bin ich eine gute Mutter? Oder mache ich etwas falsch? Diese Fragen stellen sich viele immer wieder. Ich finde Ratgeber und gut gemeinte Ratschläge an und für sich gut, aber sie lassen auch viele Mütter an sich zweifeln. Also ihr lieben Neo-Moms da draußen: Bitte habt viel mehr Vertrauen in euch und eure Fähigkeiten als Mutter! Ich kenne keinen einzigen Ratgeber, der auf alle Kinder oder Mütter passen würde. Euer Baby und eure Beziehung zu ihm sind einzigartig und niemand kann das so gut einschätzen wie ihr selbst. Also lasst euch von anderen nicht verrückt machen!

Viktoria, 29
2 Kinder | Instagram: viktoria_luisa_frida_

NIMM DIR ZEIT FÜR DICH!

Als frisch gebackene Mama wie auch als Mehrfachmutter ist es in vielen Situationen schwierig bis unmöglich, die Nerven zu bewahren. Die kleinen Dinge im Alltag sind dann oft Wellness für Mama: Für mich ist zum Beispiel der Kaffee am Morgen sehr wichtig, weshalb ich oft einige Minuten vor den Kindern aufstehe, um ihn in Ruhe zu genießen und ohne Stress in den Tag zu starten. Wenn ich mit Freunden telefoniere, reden wir bewusst nicht viel über die Kinder, sondern über das, was uns noch so interessiert. Und wenn wir über die Kinder reden, merkt man schnell, dass alle ähnliche Themen und Probleme haben. Kontakte halten und sich austauschen ist für mich sehr wichtig – das funktioniert zum Beispiel auch sehr gut über Instagram.

Monja, 21
1 Kind | Instagram: monjacarina

»DU BIST MAMA, DU VERPASST SO VIEL…«

Viele in meinem Alter wollen doch wirklich meinen, mein Leben bestehe nur noch aus vollen Windeln, schlaflosen Nächten, Haushalt und Babybrei in den Haaren. Als ich Rafael bekam, fingen die meisten meiner Bekannten gerade mit dem Studium an, reisten, feierten. Ich hatte aber nie das Gefühl etwas zu verpassen. Meine besten Freunde stehen hinter mir, Rafael hat uns sogar noch enger zusammengeschweißt. Anstatt in der Bar verbringen wir nun eben unsere gemeinsame Zeit im Zoo, auf Spielplätzen, bei ausgiebigen Spaziergängen oder abends alle zusammen auf der Couch bei einem gemeinsamen Abendessen. Einmal im Monat hat die Mama Ausgang und der Papa hält zu Hause die Stellung. Das wäre sicher auch öfter drin, aber das Bedürfnis, die

Nächte durchzutanzen, schrumpft mit dem Mamasein doch wirklich enorm. Oft endet der babyfreie Mädelsabend sogar nur beim nächsten Chinesen, weil keiner Lust auf die große Feierei hat.

Vanessa, 22
2 Kinder | Instagram: Mamagefuehle

REDEN IST GOLD

Als mein Sohn Channing zur Welt kam, veränderte sich alles. Dieser kleine Mann stellte unser Leben komplett auf den Kopf. Es entwickelten sich viele neue, unbeschreibliche Gefühle, aber auch viele Ängste. Im ersten halben Jahr weinte ich sehr viel. Die Gefühle überrannten mich. Als meine Hebamme mich darauf ansprach, brachen die Tränen nur so aus mir heraus. Wenn ich jetzt zurückblicke, glaube ich, dass es daran lag, dass ich perfekt sein wollte – eine perfekte Mama. Meine hohen Erwartungen an mich selbst standen mir im Weg. Diese Gefühle waren mir sehr unangenehm und ich habe mit niemandem darüber gesprochen, nicht mal mit meinem Freund. Ich wollte nicht, dass jemand denkt, ich sei dem Ganzen nicht gewachsen. Doch das Einzige, was dagegen geholfen hat, war: Reden! Ich weiß, dass es ein Fehler war, zu schweigen und rate jedem, über seine Gefühle oder auch Gedanken mit anderen zu sprechen und sich Hilfe zu holen, wenn man sie braucht.

Monja, 21
1 Kind | Instagram: monjacarina

PURES BABYGLÜCK UND HEULENDES ELEND ZUGLEICH

Die erste Zeit mit Rafael war wunderbar, ich konnte mein Glück kaum fassen – so schön war er, so schön die erste Zeit zu dritt. Vor dem, was dann folgte, warnten mich weder meine etlichen Schwangerschaftsbücher noch die unzähligen Mütter, mit denen ich mich bis dahin unterhalten hatte: Zwei Wochen nach der Geburt fingen meine Hormone an, völlig verrückt zu spielen. Plötzlich verbrachte ich 24 Stunden am Tag damit zu weinen, an mir selbst zu zweifeln, mich zu bemitleiden. Die wertvolle Zeit mit Rafael war getrübt von tiefem Kummer und viele wunderbare Momente, die ich hätte genießen sollen, verbrachte ich unter Tränen. Ich war glücklich und so wahnsinnig stolz – das wusste ich, aber ich konnte es nicht zeigen, egal wie sehr ich mich bemühte. Durch viele ausgiebige Gespräche mit unserer Hebamme und einem Therapeuten habe ich es geschafft, die Depressionen zu besiegen. Ich hatte Angst, als Mama zu versagen und ich hatte schreckliche Schuldgefühle, denn ich wollte Rafael so viel mehr Liebe geben. Bis heute tut es mir leid um die schönen Wochen und doch hat mir die bittere Zeit so viel Kraft geschenkt und die Gabe, die Zeit mit Rafi nun ganz intensiv zu nutzen.

Eileen, 25
1 Kind | Instagram: cand.med.mami

DIE SACHE MIT DEN POSTPARTALEN DEPRESSIONEN

In der Schwangerschaft war ich fest davon überzeugt, dass postpartale Depressionen mich sicher nicht betreffen würden. So ein Quatsch, ich war doch emotional stabil. Doch diese Depressionen haben ihre Wurzeln in der Hormonumstellung nach der Geburt und können euch in einen anderen Menschen verwandeln. Ich fühlte mich von Tag eins an wie eine schlechte Mutter. Es kam mir alles so mechanisch vor, als wenn ich ein Programm absolvieren müsste mit meinem Baby: Windeln wechseln, füttern, zum Schlafen bringen und wieder von vorne. Geholfen haben mir kleine Rituale: Mit jedem Tag mehr, den ich mit meinem Kind verbrachte, stellte ich fest, dass es Dinge gibt, die ihm gefallen. Das half mir zu verstehen, dass nur ich mein Kind so gut kenne. Ich bemerkte zum Beispiel, dass mein Sohn das Wickeln lieber mochte, wenn ich ihn an den Füßen massierte. So nahm ich mir bei jedem Wickeln drei Minuten mehr Zeit, um mit Babyöl seine Füßchen zu bearbeiten; das waren Momente, in denen er ganz still war und aufmerksam schaute.

Diese Tipps sollten aber in keinster Weise professionelle Hilfe ersetzen, sondern lediglich verdeutlichen, dass es manchmal nur ein wenig Vertrautheit zwischen Mutter und Kind geben muss, um diese anfängliche Hilflosigkeit zu überwinden. Solltet ihr dennoch denken, dass es alles nicht zu schaffen ist, dann scheut euch nicht, euch an eure Hebamme, an ein Familienzentrum oder einen Arzt eures Vertrauens zu wenden. Ich habe durch Gespräche mit all diesen Stellen gelernt, dass man für die Überforderung nicht verurteilt wird, sondern eher Anerkennung dafür erntet, dass man sich Hilfe holt. Bei mir dauerte der »Baby-Blues« etwa vier bis fünf Wochen, danach kam die Routine (und ein geglätteter Hormonspiegel) und ich fühlte mich nicht mehr ganz so hilflos. Alltag kehrte ein und ich wurde wieder ganz die Alte.

Katharina, 25
1 Sohn | Blog: maakaamaa.blogspot.de

MERRY CHRISTMAS

Ihr freut euch riesig auf euer erstes Weihnachten mit Baby? Dann vergesst nicht, worum es bei diesem Fest geht – statt alles perfekt durchzuplanen und euch zu stressen mit Fragen wie: »Was kochen wir?« oder »Welcher Nagellack passt zum Baumschmuck?« Ein Baby braucht keinen Adventskalender und keine Riesengeschenke. Verbringt lieber Zeit zusammen. Geht raus in den Wald oder zur Oma. Kleine Kinder brauchen nicht viel, um glücklich zu sein. Am allerwichtigsten ist Gemeinschaft: Zeit mit den Kindern, mit dem Mann oder den Omas. Geschenke werden am Anfang auch überbewertet. Kleine Kinder können mit vielen Sachen gar nichts anfangen. Lieber eine etwas größere Sache schenken und nur zwei bis drei kleine, das reicht. Papierrascheln, brennende Kerzen und die lachende Familie – das ist es, was ein Baby glücklich macht!

Katharina, 25
1 Sohn | Blog: maakaamaa.blogspot.de

ALLEINERZIEHEND UND JUNG?

Was denkt ihr, wenn ihr hört, eine 19-jährige »Frau« wird Mama und ist kurz nach der Entbindung ohne Partner alleine mit dem Säugling? Ich kenne alle Antworten darauf und die meisten entsprechen Vorurteilen. Aber beim Thema »Kinder« finden doch leider alle etwas zu meckern. Entweder man ist zu jung zum Kinderkriegen oder zu alt, zu streng oder zu locker, man verwöhnt das Kind oder hat zu schnell abgenommen nach der Geburt… Falls ihr solchen Blödsinn zu hören bekommt, denkt immer daran: Wir als Mama lieben alle unsere Kinder. Egal ob wir jung, alt, dick, dünn, blond, grau- oder braunhaarig sind. Wir alle geben Tag für Tag unser Bestes. Manchmal kann man auf eine Situation nicht besser reagieren, weil man müde ist oder überarbeitet. Das darf sein, das ist vollkommen in Ordnung. Solange man in den Spiegel schauen und sagen kann: Ich gebe mein Bestes und ich liebe mein Kind von ganzem Herzen!

Berit, 35
2 Kinder | Blog: babyleaks.net

STRESS LASS NACH: EIN TERMIN PRO TAG MUSS REICHEN

Der PeKip-Kurs fand keine hundert Meter von zu Hause entfernt statt, trotzdem schaffte ich es jedes Mal, zu spät zu kommen. Danach noch eine Freundin treffen, einkaufen und nachmittags wollte die Oma kommen, also vorher schnell durchsaugen... Puh! Ich hatte mir vorgenommen, eine ganz entspannte Mutti zu sein, die einfach mit Kind alles so macht wie vorher. Aber ein Baby drückt gern gerade dann die Windel voll, wenn man ihm den Schneeanzug angezogen hat oder macht ein Bäuerchen inklusive Milchschwall, sobald es im Tragetuch hockt – frei nach dem Motto: Irgendwas ist immer! Also hielt ich mich konsequent an die Regel »Nur ein Termin pro Tag!«. Wenn ich PeKip habe, gehe ich danach nicht noch zum Kaffeeklatsch und wenn ich nachmittags Besuch kriege, darf ich den Vormittag zu Hause vertrödeln. Ohne schlechtes Gewissen. Denn irgendwas ist immer.

Samar, 35
3 Kinder | YouTube: Mumyfit

MAMA HAT AUCH MAL HUNGER

»Wenn dein Baby auf der Welt ist, wirst du so viel zu tun haben, dass du nicht mal zum Essen kommst«, wurde ich gewarnt und dachte nur: »Ach Gott, übertreibt doch nicht!« Keine Zeit zum Essen zu haben, das sollte ja wohl ein Witz sein! Warum haben dann die meisten Mütter nach der Geburt Gewichtsprobleme? Und dann erlebte ich es selbst: Kurz nach meiner Entbindung wieder zu Hause, war ich ständig damit beschäftigt, mein Mäuschen zu beruhigen, zu stillen, zu wickeln, zu tragen und immer wieder zu tragen und zu beruhigen. Konnte er nicht auch mal alleine schlafen wie die anderen Babys? Ich kam tatsächlich nicht mal dazu, mir Essen zuzubereiten. Zehn Tage nach der Geburt hatte ich genug und wollte meine Hände zurück: Ich besorgte mir ein Tragetuch und siehe da: Mäuschen schlief den ganzen Tag nah an meiner Brust und ich hatte beide Hände frei – um endlich mal in Ruhe zu essen!

Mary, 28
1 Kind | Instagram: marymitherz

DIE SITUATION AKZEPTIEREN

Bevor ich Mama wurde, hatte ich einen Plan: Ich hatte ein Bett gekauft und war überzeugt, dass das Baby darin schlafen wird. Ich habe einen Kinderwagen gekauft und sah bereits vor mir, wie wir damit spazieren gehen. Ich habe geplant, bald nach der Geburt wieder stundenweise arbeiten zu gehen – klar, das würde sicher ganz leicht funktionieren. Und dann kam Hella. Mein zauberhaftes kleines Mädchen, das nicht in seinem Bett schlief und den Kinderwagen hasste und am liebsten den ganzen Tag auf mir liegen, mit mir kuscheln und getragen werden wollte. An Arbeit oder überhaupt mal fünf Minuten ohne sie war da überhaupt nicht zu denken. Erst war ich geschockt, dann habe ich zum Glück bald entschieden: Ich akzeptiere das jetzt so. Und damit ging es mir tausendmal besser.

Nela, 36
1 Kind | YouTube: NelaLee

DER LAUFSTALL WIRD ZUM BÄLLEBAD

Nicolas mochte seinen Laufstall nicht. Egal, was ich an Spielzeug hineingelegt habe, für ihn bedeutete Laufstall automatisch »Mama geht weg«. Das war ein riesiges Problem, denn seien wir ehrlich: Wie will man als Mama mal fünf Minuten für sich haben, wenn man das Baby nicht irgendwo sicher parken kann? Ich hatte tagelang überlegt, wie ich ihm seine kleine Bude gemütlicher und spannender gestalten konnte und bin nach einem Kindergeburtstag auf die glorreiche Idee gekommen: Ich mache einfach aus seinem Laufstall ein Bällebad! Die ersten Tage mit der Bälleflut (fünfhundert Stück!) waren zugegeben etwas tricky, da sie auf ein Baby doch etwas furchteinflößend wirken können, aber nachdem das erste Vertrauen gefasst wurde, ist das Bällebad – nach dem Rimowa-Koffer – der zweitliebste Platz von Nicolas. Und Mama kann endlich mal entspannt für kleine Mädchen gehen!

Berit, 35
2 Kinder | Blog: babyleaks.net

ICH MÖCHTE JETZT AUCH HANDARBEITEN KÖNNEN. MUSS ICH ABER NICHT.

Als meine Tochter ein paar Monate alt war, hatte ich das Bedürfnis, irgendein Handarbeits-Hobby zu erlernen, um auch mal etwas für sie selber machen zu können. Eine Freundin versuchte, mir das Häkeln beizubringen. Nachdem die Wintermütze jedoch eher aussah wie ein Klorollen-Hut, gab ich direkt wieder auf. Stressige oder emotional fordernde Phasen im Leben (wie die Baby-Zeit) sind nicht gut geeignet, um mit neuen Hobbys oder Herausforderungen zu beginnen. Besser konzentriert man sich auf das, was einem früher gutgetan hat. Ihr joggt gern? Schreibt? Malt? Kocht? Spielt Handball? Gärtnert? Egal, was es ist: Reserviert eure kostbare freie Zeit dafür. Für das Erlernen neuer Sportarten oder Handarbeitstechniken ist später noch Zeit!

Daniela, 33
1 Kind | Facebook: gluckeundso

IHR KENNT EURE BABYS AM BESTEN

Jede Mama macht die Dinge anders und jede Mama weiß vielleicht nicht am besten was gut ist, aber sie kennt ihr eigenes Kind am besten. Ihr seid keine schlechten Mütter, weil ihr nicht stillen könnt oder nicht mit Stoff wickelt oder weil ihr Brei kauft. Ihr seid auch keine schlechten Mamas, wenn das Familienbett nichts für euch ist. Herauszufinden, was in eurer Familie für alle am besten funktioniert, braucht seine Zeit, also gebt sie euch. Für mich stehen und standen die Bedürfnisse meines kleinen Prinzen immer an erster Stelle. Hatte er als Baby Hunger, dann bekam er sofort etwas, da er es auch sofort brauchte. War er überreizt von zu lauten Geräuschen oder zu vielen Menschen, dann habe ich die Situation verlassen. Was andere dann dachten oder sogar laut aussprachen, verletzte mich. Aber wichtiger war es, dass wir zufrieden und entspannt waren.

Elfi, 28
2 Kinder | Blog: traumjob-mama.de

SELBER SCHLAUMACHEN

Irgendwann zwischen der Schwangerschaft mit meiner Tochter Sophia und der Geburt ihrer Schwester Leni hat sich die erste Karies meines Lebens bei mir eingeschlichen! Kontaktstellenkaries – an den Stellen, wo die Zähne eng aneinanderliegen und man mit der Zahnbürste nicht hinkommt. Der Zahnarzt kann sie nicht sehen, sondern muss röntgen – in der Schwangerschaft absolut nicht möglich. Leider hatte es mein Zahnarzt versäumt, direkt nach der Stillzeit meiner älteren Tochter eine Röntgenkontrolle zu machen. Ich selber hatte mir darüber auch keine Gedanken gemacht, weil meine Zähne bis dahin tadellos waren. Somit wurden diese kleinen fiesen Stellen erst nach der zweiten Schwangerschaft entdeckt und der Zahnarzt sagte: Entweder eine Behandlung ohne lokale Betäubung – oder Stillpause. Beides undenkbar für mich. Wir einigten uns darauf abzuwarten. Vier Monate später fiel ihm ein, dass ich mit meinem Gynäkologen Rücksprache halten könnte und der erklärte: Narkose gänzlich unbedenklich! Toll, die Behandlung hätte also schon Monate vorher stattfinden können, Leni wäre damals nicht in Gefahr und meine Karies sicher deutlich weniger fortgeschritten gewesen. Jede Stillende und Schwangere sollte bei solchen Themen beim Arzt genau nachfragen und die Website Embryotox.de kennen, auf der man sich auch selbst über die Verträglichkeit von Medikamenten in Schwangerschaft und Stillzeit informieren kann. Hätte ich damals schon dort nachgelesen, hätte ich meinen Arzt darauf ansprechen können.

Wissenswertes

- *81 Prozent der Mütter haben schon mal Dinge für ihre Kinder im Internet gekauft.*[8]
- *Lange ging man davon aus, dass eine Schwangerschaft durchschnittlich 280 Tage dauert – also 40 Wochen. Amerikanische Forscher haben entdeckt: Es sind nur rund 268 Tage, also gut 38 Wochen.*[9]
- *Sport tut gut, aber Mütter sollten frühestens 6 Wochen nach der Geburt wieder mit dem TRAINING beginnen. Wer einen Kaiserschnitt hatte, sollte seinen Arzt um Rat fragen.*[10]
- *„9 Monate kommt der Bauch, 9 Monate geht er", lautet eine alte Hebammen-Weisheit – die Rückbildung braucht ZEIT.*[11]

- *Will man nicht: Zu viel* SCHLAF *kann zu Depressionen führen.*[12]

- POWERNAPPING *bringt Energie zurück: Schon 15 bis 20 Minuten Ausruhen haben einen spürbaren Effekt. Dazu hinlegen, Muskeln entspannen und Augen schließen.*[13]

---

[8] iconkids & youth international research GmbH
[9] http://www.9monate.de/schwangerschaft-geburt/schwangerschaft/schwangerschaft-dauert-kuerzer-als-angenommen-id112920.html
[10] http://www.familie.de/baby/stillen-und-abnehmen-511334.html
[11] http://www.familie.de/baby/stillen-und-abnehmen-511334.html
[12] https://www.welt.de/gesundheit/article3799963/Wenn-man-nach-acht-Stunden-Schlaf-noch-muede-ist.html
[13] http://www.t-online.de/eltern/baby/id_79639508/schlafmangel-bei-muettern-tipps-gegen-chronische-muedigkeit.html

#3 Hunger

Am Anfang eines jeden Lebens geht es wirklich erst mal um die existenziellen Fragen. Warm, trocken und satt will sich der Nachwuchs fühlen. Und wenn es bei einem dieser drei Themen hakt, werden alle Anwesenden schnell informiert. Ein Baby hat nicht Hunger, es hat »Huuuuuuuunger!!!«. Nach solch einem verzweifelten Hilfeschrei hört es sich jedenfalls an, wenn so ein Minibündel klarmachen will, wie ernst die Lage ist. Nun heißt es schnell reagieren und sofort stillen oder das Fläschchen zücken – puh, gerade noch geschafft!

Dabei ist das in den ersten Monaten ein Stück weit nur die Aufwärmübung für das, was dann kommt: Beikost! Hier scheiden sich die Geister, wann und was man dem Baby füttern sollte: selbst gekochter Brei oder gekaufter oder etwa gar kein Brei? Unbedingt Bio oder »ach, geht auch mal anders«? Welche Lebensmittel wann einführen? Und sind auch wirklich genug Nährstoffe drin? Und auch die Geschmäcker der Kinder sind grundverschieden.

So lernt man zumindest schnell nicht nur bisher unbeachtete Gemüsesorten wie Pastinake kennen, sondern auch, wie man diese fiesen Möhrenflecken wieder aus dem Body kriegt. Oder auch nicht... (Ein Versuch mit Gallseife lohnt sich!). Während des reinen Milchverzehrs in den ersten Monaten gab es nur oftmals Spuckerei auf die schönen Babyklamotten, die sich leicht wieder auswaschen ließ. Jetzt fahren an der Fleckenfront ganz andere Geschütze auf. Und die Küchenwand kann oft auch gleich noch mal gestrichen werden, wenn die Süßen erst entdecken, dass man mit dem Essen ja auch so wunderbar matschen kann.

Das Thema Ernährung birgt viele Herausforderungen. Aber auch hier helfen Geduld und gute Tipps von anderen Mamas, die das mit der Futterzufuhr schon raus haben und auf ihrem Weg zum satten Baby so einiges gelernt haben, das sie hier gerne weitergeben.

Janina, 23
2 Kinder | Instagram: janina1604

STÄNDIGES STILLEN? HAT EINEN NAMEN UND IST GANZ NORMAL

Einen Tag nach der Geburt meiner Tochter wurde unsere Stillbeziehung, die doch gerade erst begonnen hatte, bereits auf die Probe gestellt. Sie trank ein paar Minuten an der Brust, fiel in einen Sekundenschlaf und trank dann wieder weiter. Und immer weiter – gefühlt 24 Stunden am Tag: sie trank fast ständig. Ich fühlte mich bald ausgelaugt und hatte Sorge, dass meine Milch sie nicht satt machen würde. Dass das »Clusterfeeding« genannt wird und phasenweise immer wieder vorkommen kann, hatte mir keiner gesagt und fast hätte ich damit begonnen, ihr Pre-Milch zuzufüttern. Doch nach zwei Tagen war der Spuk schon wieder vorbei, meine Milch hatte sich an den Bedarf meiner Kleinen angepasst und sie war wieder ein zufriedenes, gestilltes Baby.

Sandi, 31
2 Kinder | Blog: stranddeswahnsinns.wordpress.com

LICHT AUS, MILCH AN

Ich habe meine Kinder beide mehr als ein Jahr gestillt, dabei gab es wirklich schwierige Momente. Zum Beispiel haben beide zeitweise die Brust völlig abgelehnt. Meine Kinder, die eh viel weinten und wenig schliefen, stemmten sich dann bei den sonst so beliebten Milchmahlzeiten gegen mich, drehten sich von der Brust weg und schrieen, obwohl sie längst hätten Hunger haben müssen. Eine Stillberaterin riet mir dazu, mit meinem Kind in einen komplett abgedunkelten Raum zu gehen, mich mit der Kleinen hinzulegen, die Brust anzubieten und sie einfach mal machen zu lassen. Zunächst schrie meine Tochter, beruhigte sich dann aber in der reizarmen Umgebung, suchte nach etwas

Vertrautem und fand meine Brust. Ich war so beruhigt, als sie sich satt trank und dabei einschlief. Nicht wenige Babys zeigen dieses Verhalten wohl im Laufe ihrer Stillkarriere, vermehrt im Alter zwischen drei und sechs Monaten. In dieser Zeit lernen die Kinder ihre Umgebung deutlicher wahrzunehmen, was spannend für sie ist, aber eben auch ablenken und ängstigen oder verwirren kann. Das »Abschirmen« klappt auch beim Stillen unterwegs, wenn man kein allzu hibbeliges Baby hat – mit einem Tuch zum Beispiel oder man probiert das Stillen in der Tragehilfe.

Janine, 39
1 Kind | Instagram: new2berlin

QUARKWICKEL DELUXE

Hilfe, Milchstau! Voller Panik habe ich schon beim ersten Anzeichen meine Hebamme kontaktiert und gleichzeitig das Netz nach den besten Tipps durchsucht. Gewirkt hat erstens: Das Kinn des Babys soll beim Stillen auf die schmerzende Stelle zeigen – ich wusste nicht, wie gelenkig ich bin. Und zweitens: Quarkwickel! Matschige Angelegenheit, aber folgende Methode hält es in Grenzen: Schneidet euch passend zur Brust je zwei donutförmige Kreise aus Küchenrolle zurecht. Der Quark kommt fingerdick dazwischen und dann ab damit auf die Brüste. Bei der Anwendung hatte ich einen der ganz wenigen Momente, in denen ich heilfroh war, unter der Woche alleinerziehend zu sein – denn ich bin mir nicht sicher, wie mein Mann bei diesem Anblick reagiert hätte. Aber ich schwöre, die Wickel helfen! Man kann die »Quark-Donuts« auch auf Vorrat basteln und – auf einem Teller gestapelt, durch Frischhaltefolie getrennt – im Kühlschrank aufbewahren.

Julia, 29
2 Kinder | Blog: capuletscuties.de

VON DER BRUST DIREKT ZUM »ECHTEN« ESSEN

Als unser Sohn sechs Monate alt war, wollten wir langsam mit der Beikost beginnen. Ich mache es kurz: Es klappte nicht. Es war einfach zu früh. Das Dilemma: Ein Großteil unseres Familien- und Freundeskreises fand es leider sehr »komisch«, dass ein neun Monate altes Baby (immer noch) voll gestillt wurde. Dadurch setzte ich mich – und meinen Sohn – unter Druck und probierte alles Mögliche aus. Muttermilch im Brei, zweiunddrölfzigzillionen verschiedene Breisorten – nix half. Mein Tipp: Wenn dein Baby keine Lust auf Brei hat, dann ist es eben so. Egal, was (Schwieger-)Mutter, die beste Freundin oder die Kollegin aus der Buchhaltung sagen: Lass sie reden. Ich begann, meinem Sohn Obst- und Gemüsesticks zum Knabbern anzubieten und habe ihn letztlich fast ein Jahr lang gestillt. Die Breiphase hat er nahezu übersprungen.

Christine, 35
2 Kinder | Instagram: Happysideofmylife

ERST DAS OBST UND DANN DAS GEMÜSE

Was waren wir auf Jans Reaktion auf den ersten Brei gespannt! Doch leider war er alles andere als begeistert. Von Pastinake über Karotte bis Fenchel und Brokkoli, ob mit Kartoffel und Fleisch oder ganz pur – Jan fand alles einfach nur blöd und jede Mahlzeit war ein Krampf. Manchmal hat es mir schon vor dem Füttern gegraut. Allerdings mochte er Obstbrei einigermaßen und so hab ich dann bei jedem Löffel Gemüsebrei immer etwas Birnenbrei vorne auf die Spitze gemacht, das hat funktioniert. Nach drei Monaten hatte die Qual mit dem Essen endlich ein Ende und er fing an, alles zu mögen. Allen Warnungen zum Trotz, er würde nun sicher immer etwas Süßes fordern oder herzhaftes Essen sogar verweigern, isst er heute alles. Von Gemüse über Fisch bis hin zu sauren Gurken oder Rote Bete: Es gibt nichts, was er nicht probiert und eigentlich auch nichts, was er nicht isst. Außer Süßigkeiten…

Christine
2 Kinder | Instagram: villa_smilla

BLOCK UND STIFT – UNBEDINGT ZU EMPFEHLEN

Eine sehr verbreitete Nebenwirkung des Stillens ist die sogenannte Stilldemenz. Kannte ich vorher nicht, lernte sie aber recht schnell kennen. Aus medizinischer Sicht hängt diese Vergesslichkeit mit dem oftmals mit der Elternschaft einhergehenden Schlafmangel zusammen. Was sich dann in der Praxis wie folgt auswirkt: Sätze werden nicht zu Ende gesprochen, man sucht permanent alles Mögliche (teilweise sogar das Baby) und man steht im Supermarkt und überlegt angestrengt, warum man eigentlich hingefahren ist. Ich suchte dreimal täglich meine Schlüssel. Wenn ich mir hundertprozentig sicher war, sie auf die Kommode gelegt zu haben, waren sie da nicht. Auch nicht in der Küche, im Wohnzimmer, in der Jackentasche oder im Badezimmer. Ich verbrachte oft bis zu dreißig Minuten damit, solche »verlorenen« Gegenstände zu suchen und fand sie letztlich an den merkwürdigsten Orten: im Kühlschrank, im Wäschekorb, von außen in der Haustür steckend, in der Waschmaschine… Mir halfen schließlich ein Block und ein Stift: Ich schrieb wirklich alles auf! Wo ich die Schlüssel hingelegt hatte, was ich kaufen wollte, wen ich noch zurückrufen musste. Der Block wurde quasi zu meinem zweiten Gehirn, wenn das andere mal wieder nicht abrufbereit war.

Saskia, 24
2 Kinder | Instagram: sassioo

AUS BAUCHTISCH WIRD KINDERTISCH

In der Schwangerschaft haben wir alle ein cooles Gadget dazubekommen: den Bauchtisch! Der Bauch wurde immer größer und größer, der Abstand zum Esstisch auch und somit machten es sich die Teller und Schüsseln auf dem Bauch gemütlich. Hachja, das vermisse ich wirklich sehr! Seit der kleine Mensch da ist, ist die gemütliche Zeit des Essens vorbei. Aber ich liebe Essen – eine ruhige Mahlzeit ist für mich echte Quality time. So habe ich eine Schaukel besorgt: Meine Kleine hatte darin Spaß und für mich hieß es: »Guten Appetit!«

Denise, 34
2 Kinder | Instagram: Zuckerzimtzauber

FÜTTERN »STEREO«

Meine größte Sorge mit Zwillingen war immer: »Was mache ich, wenn beide Herren zeitgleich Hunger haben und keiner in der Nähe ist und mir schnell helfen kann?« Bis ich eines Tages den Tipp mit der Wippe bekommen habe. Was auf den ersten Blick bestimmt lustig ausgesehen hat, erwies sich als außerordentlich praktisch und hilfreich: Meldeten sich beide Herren gleichzeitig für ihr Fläschchen oder den Brei, legte ich beide vor mir in ihre Wippen und gab ihnen ihre Mahlzeiten »stereo«. Als Mama war ich somit ganz entspannt, da ich beide Kinder im Blick und unter Kontrolle hatte. Die Jungs waren zufrieden, weil sie schnell genug ihr Essen bekamen und beide mit Flasche in der Hand freien Blick auf eine Frau hatten – wie Männer halt so sind…

Wiebke, 33
1 Kind | Instagram: piepmadame

VERTRAU DEINEM KÖRPER!

Wenn ihr stillen wollt, dann könnt ihr es auch. Lasst euch nicht verunsichern. Wenn ihr einfach immer stillt, wenn euer Kind es möchte (»Stillen nach Bedarf«), dann werdet ihr in den allermeisten Fällen genug Milch haben. Sorgt für viel Ruhe, kuschelt am besten nackt miteinander, schaut nicht auf die Uhr. Und dann stillt ihr. Stundenlang. Oder kurz und dafür sehr oft. Oder sogar beides: stundenlang und oft. Lasst euch darauf ein und schon nach ein paar Wochen (ja, leider dauert es ein paar Wochen, bis Baby und Mama perfekt miteinander harmonieren – bei mir waren es fast vier Monate!) werdet ihr euch wundern, warum es am Anfang so schwer war. Versprochen! Solltet ihr wirklich mal Probleme haben wie Milchstau oder Soor, dann wendet euch besser an eine Stillberaterin als an einen (Kinder)-Arzt, denn diese haben meist keine Zusatzausbildung zum Thema Stillen und raten allzu oft sofort zum Abstillen, obwohl dies gar nicht nötig ist!

Vanessa, 22
2 Kinder | Instagram: Mamagefuehle

HILFE, MEINE BRÜSTE BLUTEN

Im Krankenhaus wurde mir nicht richtig gezeigt, wie man stillt, es hieß nur: »Sie können ihr Kind jetzt an die Brust legen!« und schwupps, da war die hektische Hebamme auch schon wieder draußen. Ich fragte nicht mehr nach, weil ich dachte, ich mache alles richtig. Aber zu Hause bemerkte ich nach ein paar Tagen, dass etwas nicht stimmte: Ich hatte beim Stillen plötzlich fürchterliche Schmerzen! Wenn mein Sohn nuckelte, platzte die Haut auf und es fing an zu bluten. Ich wusste nicht, dass er den gesamten Warzenvorhof mit seinen Lippen greifen muss, er hatte nur die Nippel im Mund. Meine Wochenbett-Hebamme war schockiert, als ich ihr davon erzählte und machte mir zwei Vorschläge: Der erste hieß »Abstillen«, doch das kam für mich absolut nicht in Frage. Der zweite Vorschlag hieß »Stillhütchen und ins Kissen beißen«. Es war eine Qual, mir liefen nur so die Tränen. Die Stillhütchen füllten sich mit Blut, jedoch halfen sie mir, den Schmerz etwas erträglicher zu machen. Innerhalb von etwa einer Woche erholten sich meine Brüste und ich konnte voller Freude weiterstillen. Ich habe gelernt: Es ist super wichtig, dass man genau gezeigt bekommt, wie man das Baby richtig anlegt! Wenn ihr im Krankenhaus oder durch eure Hebamme nicht gut beraten seid, sucht euch unbedingt jemanden, der die Geduld dazu aufbringt!

Kamila, 25
1 Kind | Instagram: fieska

MILCHSTAU? PAPA MUSS HELFEN

Mich hat mein erster Milchstau wirklich von den Socken gehauen. Mit hohem Fieber und Schüttelfrost lag ich unter drei dicken Bettdecken und zitterte trotzdem noch vor Kälte. Ich war nicht mal in der Lage, aufzustehen. Mein Sohn Adrian wollte und wollte nicht trinken. Und nichts half, kein Abpumpen und keine kalten Kompressen. Meine Tante, sie ist wie ich auch Krankenschwester, gab mir dann einen sehr ungewöhnlichen Tipp – glaubt mir, wenn man einen Milchstau hat, ist man für jede Linderung der Schmerzen dankbar. Sie sagte, dass mein Partner versuchen sollte, die Milch auszusaugen. Keine Milchpumpe kann es besser als ein Mensch. Ich bat ihn um die außergewöhnliche Hilfe und es klappte: Nur wenige Stunden später ging es mir sehr viel besser.

Lisa, 26
2 Kinder | Instagram: lisamamafe

DER »SCHWIEGERMUTTER-MILCHSTAU«

Als ich mit 21 Jahren meinen Sohn bekam, wurde mir von allen Seiten gesagt, dass man keine Krankheit hat, sondern »nur« ein Kind bekommt. Ich hatte deshalb das Gefühl, mich bloß nicht anstellen zu dürfen, egal welche Probleme und Sorgen ich hatte. 24 Stunden nach der Geburt lag ich im Krankenhausbett und versuchte zu stillen. Meine Zimmernachbarin war eine Spanierin und ihre ganze Familie versammelte sich in unserem Zimmer. Ich fand es zwar schön, dass sich alle so über das neue Familienmitglied freuten, aber als mir irgendwann ihre Mutter an der Brust zupfte, wurde es mir zu viel. Ich bin ein paar Stunden später nach Hause gegangen und wollte das Stillen in aller Ruhe lernen. Nach einigen Versuchen lief es im wahrsten Sinne des Wortes super. Doch nach sechs Wochen mitten im Weihnachtsstress ging gar nichts mehr. Nach einem Besuch bei meiner Schwiegerfamilie hörte Felix nicht auf, an der Brust zu weinen. Ich war völlig angespannt, meine Brust schmerzte, es kam einfach keine Milch, ich hatte Fieber und fühlte mich schrecklich. Und je verzweifelter ich stillen wollte, desto schlechter klappte es. Meine Hebamme erkannte sofort das Problem: »Schwiegermuttermilchstau«, diagnostizierte sie und sprach ein absolutes Besuchsverbot aus, damit ich zur Ruhe kommen konnte. Auch den Haushalt sollte ich liegen lassen, die Weihnachtsvorbereitungen – einfach alles. Sie verschrieb mir Bettruhe mit meinem Baby. Ich sollte Stilltee trinken, Kohlblätter auf die Brüste legen und immer wieder meinen Sohn anlegen, kuscheln und schlafen. Nach zwei Tagen war mein Fieber weg und ich konnte wieder besser stillen. Zumindest bis zu den Weihnachtsfeiertagen, denn da wartete bereits der nächste Milchstau auf uns. Zum Glück wussten wir, warum und kannten die nötige Therapie!

Maggie, 23
1 Kind | Instagram: sophies.journal

VÖLLIG ÜBERMÜDET

Das Stillen klappte nicht. Yuna schrie nachts vor Hunger, Tim und ich waren nach Tagen ohne Schlaf völlig übermüdet und fertig mit den Nerven. Schließlich knockte mich eine richtig fiese Brustentzündung derart aus, dass wir uns für das Fläschchen entschieden. Danach ging es langsam bergauf. Wir konnten uns Stück für Stück erholen. Nachts schlief Yuna nun tief und fest – mit ein paar Unterbrechungen zum Fläschchengeben. Langsam kehrte eine gewisse Routine ein. Wir wechselten uns nachts ab und konnten den fehlenden Schlaf allmählich nachholen.

Jana, 29
2 Kinder | Blog: mammaville.de

RAKETENPHYSIK

Stillen ist für mich immer eine Tortur gewesen. Stillhütchen, Milchpumpe, Kühlgels und allerhand Globuli kamen zum Einsatz. Für mich war dieses Thema wie Raketenphysik – völlig fremd und undurchdringbar. Selbst meine Hebammen versuchten mir durch die Blume zu sagen, dass meine Kinder in der Urzeit wahrscheinlich verhungert wären. Meine Brustwarzen waren offenbar einfach nicht fürs Stillen gemacht. Wenn es mal lief, dann waren das ein paar gute Tage, doch die nächste fiebrige Brustentzündung folgte bald. Erst hatte ich zu viel Milch und danach zu wenig. Nach vier schmerzhaften Monaten fasste ich mir ein Herz, kaufte mir eine hübsche Babyflasche, eine Thermoskanne, das teuerste Milchpulver, das ich im Regal fand und ließ Brüste Brüste sein. Heute würde ich es anders machen. Ich würde ein Pulver im gesunden Mittelfeld kaufen.

Daniela, 33
1 Kind | Facebook: gluckeundso

PERFEKTE MILCH IN DREISSIG SEKUNDEN

Da das Stillen leider nicht klappte, mussten wir schnell auf Pre-Nahrung umstellen. Mein Mann griff instinktiv zur für uns richtigen Milch. Die Zubereitung sollte schnell und einfach gehen: Wir perfektionierten das innerhalb kürzester Zeit und brauchten bald nicht mal eine Minute, um die Flasche zuzubereiten. Wie? Das Milchpulver hatten wir immer schon in Behältern aus dem Drogeriemarkt für vier Portionen vorbereitet. Wir benutzten das stille Wasser, das wir auch trinken, zur Zubereitung und das kam in die Mikrowelle. Dort haben wir innerhalb von dreißig Sekunden die perfekte Trinktemperatur hinbekommen.

Tanja, 45
2 Kinder | Blog: jomabelle.com

DER COOLE TWISTER

Die Nahrungsaufnahme beim Baby duldet keinen Aufschub. So lange ihr stillt, habt ihr ja immer alles wohltemperiert bei euch. Aber wehe, das Baby bekommt Fläschchen zugefüttert. Die Folgemilch muss die perfekte Temperatur haben - vierzig Grad. Was habe ich alles ausprobiert, damit das abgekochte Wasser möglichst schnell abkühlt! Das hätte ich mir sparen können, wenn ich schon bei Baby Nummer Eins von einer simplen wie genialen Erfindung gewusst hätte: dem Cooltwister. Du schraubst eine Flasche mit abgekochtem Wasser unter den Twister, drehst das Ganze um, stellst es auf die Flasche mit dem Milchpulver und voilà, nach nur etwa dreißig Sekunden ist die Milch im Fläschchen servierfertig. Wir ließen uns das Gerät zur Geburt von Baby Nummer zwei schenken und was soll ich sagen: Als es so weit war mit dem Zufüttern, waren alle ganz entspannt und zufrieden. Das Baby, weil es schnell die wohltemperierte Milch bekam und Mami, weil ich herrlich entspannt mein Baby füttern konnte, wenn es Hunger hatte.

Désirée, 33
4 Kinder | Instagram: backstoffmama_

ZEIT SPAREN – FÜR DIE KINDER

Ich bin eine Flaschenmama und das ohne mich dafür zu schämen – bei Drillingen organisiert man sich. Ich habe einiges ausprobiert, um möglichst viel Zeit für meine Kinder zu haben. Ich habe, was die Flaschen betrifft, zum Beispiel schnell auf den Flaschenwärmer verzichtet, denn damit wurde die Flasche oftmals viel zu heiß. Es gibt zwar einige Produkte, mit denen man Fläschchen abkühlen kann, aber auch das dauerte mir alles noch viel zu lange. Letztlich habe ich einen Wasserkocher mit Temperatureinstellung gekauft – eine Anschaffung, die ich nie bereut habe. Das Wasser für die Flaschen habe ich morgens abgekocht und es während des Tages für die jeweilige Milchportion nur noch auf die trinkfertige Temperatur erwärmt.

Steffi, 31
2 Kinder | Instagram: prettypregnant

ABSTILLEN GANZ OHNE TRÄNEN

Ich habe meinen Sohn 18 Monate gestillt. Während um mich herum so ziemlich alle schon lange abgestillt hatten, machte Maxi nicht die geringsten Anstalten, das Interesse an der Brust zu verlieren. Tagsüber begann ich, ihm anstelle von Muttermilch Reis-Kokos-Milch im Fläschchen zu geben. Diese liebt er und so wurde es am Tag immer weniger, bis ich nur noch zum Einschlafen und in der Nacht gestillt habe. Sobald er allerdings zahnte oder gar krank war, war all das vergessen und ich musste wieder voll stillen. Trotzdem wollte ich nicht plötzlich und vielleicht sogar unter Tränen abstillen, sondern den richtigen Moment abwarten. Das hat sich als richtig erwiesen, denn er hat sich selbst abgestillt: Von einem Tag auf den anderen lehnte er plötzlich die Brust ab! Deshalb: Stresst euch und vor allem das Kind nicht, gebt ihm Zeit. Vielleicht geht es dann, wie bei uns, irgendwann ganz ohne Druck und Kummer.

Katharina, 25
1 Sohn | Blog: maakaamaa.blogspot.de

BABYBREI ODER LIEBER SELBST KOCHEN!?

Die einen sagen: »Ich koche doch nicht für mein Kind, Gläschen sind viel praktischer!« Die anderen meinen: »Ich koche nur frisch für mein Baby, etwas anderes kommt nicht infrage.« Ich habe lange darüber gegrübelt, wie ich meinen Sohn an Beikost gewöhnen soll. Die Entscheidung wurde mir dann von ihm selbst abgenommen: Als er mit sechs Monaten Brei essen konnte und wollte, versuchte ich es mit einem Gläschen Pastinake. »Uäääääh« war seine Antwort und mit einem »Buufz« wurde mir der Brei ins Gesicht gespuckt. Als ich selbst probierte, muss mein Gesichtsausdruck Bände gesprochen haben: Das Zeug schmeckt ja wirklich fürchterlich! Ab dem Zeitpunkt kochte ich nur noch frisch. Aufwendig!? Nein, das war es wirklich nicht. Eine Kartoffel klein schneiden, eine Karotte mit dazu oder doch mal etwas Pastinake, Spinat oder was der Kühlschrank noch so hergibt, dann mit ganz wenig Wasser kochen lassen und pürieren. Kann man auch sehr gut in kleine Gläser abfüllen und – voilà! – schon hat man selbst gemachte Gläschen à la Mama.

Tessa, 27
1 Kind | Instagram: tessa.bergmeier

ES MUSS NICHT IMMER BREI SEIN

Wann euer Baby Lust auf Beikost hat, kann ganz individuell sein. Auch hier gibt es nur Richtlinien, jedes Baby ist anders und hat andere Bedürfnisse. Es muss übrigens nicht immer Brei sein: Babys Kiefer ist durchaus schon in der Lage, Getreide, Obst und Gemüse zu zermalmen. Man hat festgestellt, dass die Kieferfehlstellungen erst begonnen haben, als der Mensch angefangen hat, Gläschen-Nahrung zu füttern. Auch von Land zu Land wird das Thema Beikost komplett unterschiedlich behandelt. In Saudi Arabien zum Beispiel werden Reis, Brot und Gemüsesuppe gefüttert, in Nigeria gibt es Maisbrei und in Lateinamerika gibt man sogar Zuckerwasser. Sind wir hierzulande vielleicht zu zimperlich und perfekt? Wir haben in Deutschland für jedes Problem die passende Milch sowie den passenden Brei. Machen wir vielleicht gerade dadurch unsere Babys empfindlich?

Mira, 30
1 Kind | Instagram: liebsteweltmitdir

ESSEN, WAS MAMA UND PAPA ESSEN

Am Anfang der Brei-Zeit haben wir natürlich auch erst mal extra für Levi gekocht. Er hat den Brei ein paar Wochen lang gut gegessen – bis wir ihn mal von unserem Teller haben probieren lassen. Ab diesem Tag wollte er nicht mehr sein eigenes Essen, sondern immer das, was Mama und Papa sich ausgesucht hatten. Wir haben also ziemlich früh begonnen, Levi alles essen zu lassen, natürlich mit Vorsicht bei den Gewürzen. Unser eigenes Essen haben wir am Tisch mit Salz und Pfeffer nachgewürzt. Er ist heute überhaupt nicht mäkelig, deshalb kann ich nur empfehlen, früh damit anzufangen. Man spart auch eine Menge Zeit, weil man nicht zusätzlich kochen muss.

Jaana, 24
1 Kind| Instagram: jaanagoeslightly

HEIMLICHE SCHOKOLADE IM SCHLAFZIMMER

Seitdem meine Tochter angefangen hat, richtig zu essen, ist nichts mehr sicher vor ihr. Egal was auf meinem Teller landet, sie isst mir immer mindestens die Hälfte davon weg. Das begann sehr früh, weshalb wir schon mit fünf Monaten Brei eingeführt haben. Wie ein Geier starrte sie auf unsere Teller. Mit dem Brei gab sie sich natürlich nicht lange zufrieden, nach kürzester Zeit wurde mir auch die Avocado vom Brot geklaut, die Tomate stibitzt und alles mit Banane eingeschmiert, der Hochstuhl, der Tisch und sie selbst. Auch heute ist das noch so, im Sommer muss man heimlich sein Eis schlecken und im Winter die Lebkuchen im obersten Schrank verstecken. Einmal erwischte ich meinen Mann, wie er hinter der Schlafzimmertür auf dem Boden saß – mit einem großen Stück Schokolade in der Hand! Das war ein lustiger Anblick. Ich sehe das so: Ein allzeit hungriges Baby ist die beste Diät – denn schließlich bekommt man von allem nur noch die Hälfte.

Elfi, 28
2 Kinder | Blog: traumjob-mama.de

WASSER UND JOGHURT SIND LECKER, WENN MAN DIE ALTERNATIVEN NICHT KENNT

Wenn das Kind nach einer langen Still- oder Flaschenzeit endlich anfängt, zu essen und aus dem Becher zu trinken, ist das eine sehr aufregende, verkleckerte und lustige Zeit. Man kann seinem Kind gar nicht genug dabei zusehen und möchte natürlich nur das Beste für diesen kleinen Erdenbürger. So war es auch bei mir: Ich selber trinke gerne mal einen Saft und liebe Pudding und Joghurt. Als Sophia anfing zu essen, konnte ich mich auch kaum zusammenreißen, ihr nicht auch diese Sachen zu geben. Sie würde sich über den leckeren Geschmack sicher so freuen! Gott sei Dank habe ich es trotzdem geschafft, hart zu bleiben, denn in Fruchtjoghurt und Saft steckt nun mal eine Menge Zucker. An dieser Stelle konsequent zu bleiben und mit »langweiligem« Wasser und Naturjoghurt zu starten, ist das Beste was man machen kann! Und es ist auch gar nicht schlimm: Babys kennen den Geschmack von Fruchtjoghurt und Saft nicht und deshalb vermissen sie auch nichts. Das, was man ihnen gibt, stellen sie nicht in Frage – es ist ihre Realität.

Sophia ist mittlerweile fast drei Jahre alt und isst immer noch liebend gerne Naturjoghurt. Zuckrigen Fruchtjoghurt gibt's bei uns nicht – und er wird auch nicht verlangt. Außerdem erzählt sie mir regelmäßig, wie lecker ihr Wasser schmeckt. Was mich jedes Mal aufs Neue erstaunt, denn mittlerweile hat sie natürlich auch schon Apfelschorle und andere süße Getränke probiert. Das schmeckt ihr auch – aber im Alltag ist das Wassertrinken einfach selbstverständlich für sie. Ganz nebenbei kosten Wasser und Joghurt auch weniger als Saft und Pudding und sie sind überall verfügbar!

Samar, 35
3 Kinder | YouTube: Mumyfit

»BOB DER BAUMEISTER« TRINKT SEINE MILCH AUS DEM BECHER

Mit elf Monaten war Rayen in meinen Augen »groß« genug, um endlich abgestillt zu werden. Mein Umfeld hatte mich mit vielen unangenehmen Blicken und andauernder Fragerei vonseiten der Familie in diese Richtung gedrängt: »Wann stillst du ihn denn endlich ab?«. Das ließ mir keine Ruhe. Aber mein Rayen bestand auf seine Milch: Egal, was wir ihm zu essen anboten, es landete jedes Mal in hohem Bogen auf dem Boden. Er lächelte mich an und zeigte auf meine Brust: »Nunu!«. Klar und deutlich sagte er mir damit, was er vom Abstillen hielt. Mein Mama-Herz schmolz dahin und ich stillte ihn ein ganzes weiteres Jahr. Doch ich wollte auch wieder schwanger werden und das Stillen verhinderte das. Deshalb entschied ich, dass nun wirklich Schluss sein sollte: An Rayens zweitem Geburtstag durfte er sich von seiner geliebten Nunu verabschieden, da er schon ein großer Junge war. Er bekam einen sehr großen Bagger und eine »Bob der Baumeister«-Tasse geschenkt. Denn große Jungs trinken Milch aus dem Becher, das weiß doch jeder. Dieses Argument hat ihn überzeugt – so einfach kann's gehen!

Wissens-wertes

- *Rund* 96,93 *Millionen Euro werden pro Jahr in Deutschland mit Babygläschen mit Menü-Mahlzeiten umgesetzt.*[14]

- *In der Regel* VERDOPPELT *sich das Geburtsgewicht des Babys im ersten halben Jahr seines Lebens. Zum ersten Geburtstag wiegen sie rund dreimal so viel wie ein Jahr zuvor.*[15]

- *Direkt nach der Geburt produzieren die Brüste der Mutter etwa 50 Milliliter Milch am Tag. Wenn das Baby 3 bis 6 Monate alt ist, trinkt es am meisten: etwa* 1 LITER *pro Tag.*[16]

Muttermilch hat etwa 69 *Kalorien pro 100 Milliliter.*[17]

Muttermilch besteht zu: mindestens neunzig Prozent aus Wasser und sechs Prozent MILCHZUCKER. *Der Rest sind: andere Zucker, Lipide (Fette) und Proteine (Eiweiß) sowie Hunderte weitere Substanzen, die individuell unterschiedlich gemixt sind.*[18]

14 http://www.rund-ums-baby.de/stillen/stillzeit_muttermilch.htm
15 http://www.familie.de/baby/gewichtszunahme-beim-baby-510567.html
16 http://www.rund-ums-baby.de/stillen/stillzeit_muttermilch.htm
17 http://www.rund-ums-baby.de/stillen/stillzeit_muttermilch.htm
18 http://www.rund-ums-baby.de/stillen/stillzeit_muttermilch.htm

#4 Mama Beauty

Das Baby sieht meistens aus wie aus dem Ei gepellt: Schicke Klamotten, die bei jedem kleinen Spucker am besten sofort gewechselt werden. Strahlende Haut hat es ja sowieso, genauso wie es spielend leicht das schönste Lächeln der Welt präsentiert. Und dazu braucht es noch nicht mal Zähne. (Unnötig zu erwähnen, dass sie – wenn sie welche haben – auch ohne professionelle Zahnreinigung blitzeweiß sind.)

Und was ist mit Mama? Nun ja, wir kennen es wohl alle, dass der Jogginganzug sich plötzlich wie ein akzeptables Kleidungsstück anfühlt, das man doch auch gar nicht so oft waschen muss. Dass man Haare auch nicht jeden Tag kämmen muss. Oder dass man Make-up plötzlich für wirklich überbewertet hält. Glaubt man ernsthaft. Bis man zufällig mal in den Spiegel schaut. Und sich nichts sehnlicher wünscht als ein Schaumbad. Oder simples Haare waschen. Vielleicht – ein unverschämter Wunsch – mit Kur! Aber die muss ja leider fünf Minuten einwirken und dafür hat Baby erst wieder etwas Zeit vorgesehen, wenn es in 18 Jahren auszieht...

Dabei geht es einem einfach so viel besser, wenn man sich ein bisschen schön fühlt. Und deshalb ist es auch in der ersten Zeit mit Baby nicht nur erlaubt, es ist schier überlebenswichtig, dass man die Zeit für kleine Beauty-Momente findet. Kleiner Aufwand, große Wirkung: Lippenstift aufzutragen dauert vielleicht zwanzig Sekunden – aber es wirkt den ganzen Tag. Weil man selbstbewusster und zufriedener zwischen Babykurs und Kinderarzt unterwegs ist

Janina, 27
1 Kind | Instagram: nini.liebt

NUR ZEHN MINUTEN

Schlaf ist in den ersten Wochen und Monaten mit einem Neugeborenen bekanntlich Mangelware. Also kommt es auf zehn Minuten mehr oder weniger auch nicht mehr an. Genau diese Zeit solltet ihr jeden Morgen opfern, denn sie hilft euch, sich nicht wie Frau Flodder persönlich zu fühlen. Ihr habt eine Mission: Katzenwäsche, Zähne putzen und die Augenringe mit einer großen Portion Concealer kaschieren. Frische Kleidung ohne Babyspucke kann auch nicht schaden. So könnt ihr dann auch ganz entspannt eurem neuen besten Freund, dem Paketboten, die Tür öffnen. Wieso der Paketbote euer neuer bester Freund ist? Das ist ein anderes Thema.

Nastasja, 28
2 Kinder | Instagram: modezarin

STILLEN MACHT SCHÖN

Damit ich schnell schön aussehe, erledige ich das Schminken immer beim morgendlichen Stillen. Ich schnappe mir das Stillkissen und mein Baby und setze mich an meinen Schminktisch. Während der Kleine sein Frühstück einnimmt, kann ich mir im Handumdrehen mit viel Concealer und Highlighter ein frisches Aussehen zaubern. Wenn mal Zeit bleibt oder mich die Muse küsst, stelle ich außerdem schon komplette Outfits zusammen und hänge sie an einem Bügel in den Schrank, um später schnell darauf zurückgreifen zu können.

Mimi, 31
1 Kind | Instagram: Mimi_und_Mini

MAMA SETZT AUF HIPPIE-LOOK

Pssst! Immer wenn ich total strohige, zerzauste Haare habe und nicht die Zeit zum Haarewaschen finde, greife ich auf den Hippie-Look zurück – klarer Fall eines »Aus der Not eine Tugend machen«-Styles: Einfach alle Haare nach oben wickeln, noch ein wenig mehr zerzausen und mit einem Haarband festbinden. Passend zu diesem »Messy Bun« eine lässige Tunika anziehen, rote Lippen auftragen und eine kleine Ledertasche umhängen – Peace!

Vanessa, 25
1 Kind | Instagram: vanessalovesmila

DER »MOMMY BUN«

Wenn man keine Kinder hat, weiß man ja überhaupt nicht zu schätzen, dass man sich in Ruhe im Bad zurechtmachen darf. Als meine Tochter endlich auf der Welt war, wurde mir schnell klar, dass langes Duschen nun erst mal Geschichte ist, genau so wie schöne Frisuren und offene lange Haare, denn mich gab es bis mittags nur im Schlabber-Look und mit Dutt auf dem Kopf, den ich heute liebevoll »Mommy Bun« nenne. Irgendwann fehlte mir diese kleine Auszeit im Bad aber doch sehr und so habe ich mit meinem Partner vereinbart, dass ich sonntags meinen Wellness-Tag habe: Am Sonntag durfte ich mir dann immer ein heißes Bad einlassen, mich darin ausruhen und danach noch ganz ohne Zeitdruck meine Haare herrichten und mich schminken. Das war so wertvoll und hat mich richtig glücklich gemacht.

Eileen, 25
1 Kind | Instagram: cand.med.mami

DIE SACHE MIT DEM »SICH-SEXY-FÜHLEN«

Was mir vor allem in der ersten Zeit nach der Geburt geholfen hat, um mich in meiner Haut wohler zu fühlen, war folgender Tipp: Holt euch professionelle Hilfe! Ihr habt keine Zeit für Experimente, deshalb geht zu einem guten Friseur und lasst euch eine bezaubernde Frisur machen, die im besten Falle speikindfreundlich ist. Lasst euch von einer Kosmetikerin beraten und behandeln statt mit irgendwelchen Cremes aus dem Drogeriemarkt rumzuexperimentieren. Fühlt euch weiblicher, indem ihr euch mal eine Maniküre oder im Dessous-Laden einen gut sitzenden schicken BH gönnt. Falls ihr noch nicht wieder in eure Vor-Schwangerschafts-Jeans passt: Egal, kauft euch eine Hose, die den Hintern schön formt, dazu eine stillfreundliche Bluse, die eventuell den Babybauch kaschiert. Und lasst euch, wenn ihr morgens keine Zeit für aufwendige Make-ups habt, die Augenbrauen in Form bringen (gut gestylte Augenbrauen machen meist mehr aus als irgendwelche Lidschatten). Seitdem es morgens bei mir manchmal zu knapp ist, um Eyeliner und Co. aufzutragen, stecke ich mir Ohrringe an und sehe damit genauso »angezogen« aus. Und den Rest, die schwabbelige Haut am Bauch, den desolaten Hautstatus, all das, regelt die Zeit. Ein bisschen Selbstliebe, ein bisschen mehr Verständnis für euch selbst und die Leistung, die euer Körper erbracht hat und schon sind die überschüssigen Kilos auch erträglicher. Ruft euch immer wieder ins Gedächtnis: Euer Körper hat einen zweiten, anderen Körper erschaffen!

Chantal, 25
1 Kind | Instagram: a.instamommy

LANGE WIMPERN SPAREN ZEIT

Ich trage nicht viel Make-up, ganz darauf verzichten wollte ich aber auch als frisch gebackene Mama nicht. Die tägliche Routine mit Mascara, Eyeliner, Concealer und etwas Rouge dauert nur etwa zehn Minuten, aber auch die sind nicht immer frei. Deshalb gönne ich mir einmal pro Monat eine Wimpernverlängerung – damit geht das Styling noch schneller.

Sophia, 28
1 Kind | Instagram: sophia_pauline

BABYPUDER AUCH FÜR MAMA

Ich erzähle hier nichts Neues, wenn ich behaupte, dass die Körperpflege bei Neu-Mamas auch mal zu kurz kommen kann. Vor allem wenn es ums Haare waschen geht. Denn Haare waschen ist nicht einfach Haare waschen: Erst Wasser und Shampoo, dann Conditioner mehrere Minuten einwirken lassen, ausspülen, Föhnen und Stylen. Das dauert! Männer verstehen das nicht, Babys noch viel weniger. Wenn ich es also mal wieder nicht schaffe, greife ich immer zum Babypuder. Dosiert auf den fettigen Ansatz streuen, einmassieren und ausbürsten – so gehen die Haare noch für die nächsten zwei Tage auch ganz ohne Waschen klar. Trockenshampoo funktioniert natürlich auch, Babypuder ist jedoch wesentlich preiswerter und aufgrund des Nachwuchses immer im Haus!

Sonja, 31
1 Kind | YouTube: oneloveliva

DIE GEHEIMWAFFE

Lippenstift! Kräftigen Lippenstift tragen, am besten in Rot, denn dann braucht man so gut wie kein anderes Make-up mehr, ist ruck, zuck fertig und sieht toll aus.

Jana
1 Kind | Website: missbonnebonne.com

DIE DUSCHE IST EURE BÜHNE

Ich bin keine Übermama – und ich muss mich gepflegt fühlen, um glücklich zu sein! Seit der Geburt meines Sohnes gab es bei mir keinen Tag ohne Make-up, keinen mit fettigen Haaren und keinen, an dem ich mich vor dem Schlafengehen nicht abgeschminkt hätte. Anfangs saß der Mini-Babyboy einfach im Maxi-Cosi im Bad, Spielzeug in der Hand. Ich gab die »Entertainment-Mama« hinter der Dusch-Abtrennung, die Lieder trällerte oder Grimassen zog. Heute, wo ihm das natürlich zu langweilig wäre, hat er im Bad eine große Spielzeugkiste, mit der er nur dort spielen darf. Dazu hören wir seine Lieblingskinderlieder über mein Handy, die wir dann mehr oder weniger laut mitträllern. Und wenn ich schon zum Abendessen supermüde bin, dann mache ich mich einfach direkt mit dem Babyboy zusammen bettfertig. Dann kann ich einschlafen, wann ich will – manchmal auch direkt neben ihm.

Natascha, 38
2 Kinder | Instagram: natascharomano

MIT SOCKEN INS BETT

Als frisch gebackene Mama hast du kaum noch die Gelegenheit, dich im Bad ganz in Ruhe deinen Beauty-Ritualen zu widmen. Beim zweiten Kind hatte ich den Dreh raus und setzte auf Kreativität: Ich hatte zum Beispiel meine Feuchtigkeitsmaske im Gesicht während ich gekocht habe. Oder ich habe mir die Füße dick eingecremt, bevor ich ins Bett gegangen bin. Socken drüber, ab damit unter die Decke und morgens mit streichelzarten Füßen wieder aufwachen! Unter die Dusche habe ich meine Kleinen einfach mitgenommen: Kirsten und Rolf saßen in ihrer kleinen Badewanne, während ich geduscht habe. Sie fanden immer super spannend, was Mama da macht, und wenn sie doch mal unzufrieden wurden, war ich sofort an ihrer Seite.

Eileen, 25
1 Kind | Instagram: cand.med.mami

DIE SACHE MIT DER STILLMODE

Wieso hat mir in der Schwangerschaft niemand gesagt, dass ich mich mit dem Thema Stillmode noch vor der Geburt auseinandersetzen sollte? Niemand verrät einem, wie man sich kleiden sollte, wenn man sich beim Besuch des Möbel-Schwedens nicht unbedingt eine Nierenbeckenentzündung einfangen möchte, weil beim Stillen die ganze Zeit der Bauch freiliegt. Klar, so einen Doppelpack Still-Tops hat man vielleicht mal besorgt, aber ich schwöre euch: Das reicht nicht. Schon gar nicht, wenn ihr stillend über den Winter kommen wollt.
Denn: Was zieht man drüber? Nach einiger Zeit hatte ich es raus: Still-Tops braucht man, mehr als vier, denn gerade am Anfang neigen die Brüste noch zum Auslaufen und sorgen dafür, dass ihr euch mindes-

tens genauso häufig umziehen müsst wie euer Windeln-mit-Muttermilchstuhl-befüllendes Baby. Blusen braucht man auch – gerade in den kälteren Monaten, wenn man mit bedeckten Schultern rumlaufen möchte. In ausreichender Zahl, am besten mit einer Hand auf- und zuknöpfbar – denn ihr werdet euer Leben ab jetzt einarmig leben. Cardigans und Strickjacken – vielleicht sogar in Übergröße – die man auch mal in der Öffentlichkeit über den Kopf des Babys hängen kann, damit man sich nicht so nackt fühlt. Es gibt Still-Schals und für die kalten Wintermonate Still-Marthas, das sind zweigeteilte Pullover, die sich mittig »hochklappen« lassen, um die Bauchgegend bedeckt zu halten, und so bereits erwähnter Nierenbeckenentzündung vorzubeugen. Praktisch! Das kann man aber auch preiswerter haben, indem man ein Top unter einem T-Shirt mit weitem Ausschnitt trägt – T-Shirt runterziehen, Top hoch und frei liegt die Milchbar. Um den Zwiebel-Look werdet ihr aber nicht herumkommen, so leid es mir tut.

Samar, 35
3 Kinder | YouTube: Mumyfit

WOHIN MIT DEM BABY WÄHREND DES TRAININGS?

Was mir im ersten Jahr mit Baby sehr gefehlt hat, war Sport. Selbst kurze Trainingseinheiten waren nicht drin, denn mein Sohn Rayen war ziemlich eigenwillig. Dass er mal alleine auf der Kuscheldecke gelegen hätte, während Mama zehn Zentimeter weiter ihre Fitnessübungen macht? Nein, niemals! Sein Geschrei ließ mich jedes Mal geschockt mein Training stoppen. Sobald er auf meinem Arm war, lächelte er wieder zufrieden. Dann hatte ich die rettende Idee: Ich verlegte meine Sporteinheiten nach draußen! Im Kinderwagen schlief Rayen immer gut ein und ich fand schnell die perfekte Trainingsstrecke an einer Bahnhofsstation, dreißig Minuten Fußweg von unserer Wohnung entfernt. Mit Gewichtsmanschetten an Armen und Beinen lief ich zügig dort hin und an einer Bank habe ich zusätzlich Krafttraining gemacht. So bekam ich mein Training, Rayen hat dabei im Kinderwagen geschlummert und wir beide waren an der frischen Luft!

Isabell, 24
1 Kind | Blog: fuehlmitmir.blogspot.de

SPORT KANN WELLNESS SEIN

Als ich endlich wieder ins Fitnessstudio konnte, habe ich mir direkt Mia geschnappt und sie mit in die Kinderbetreuung genommen. Wie schnell Sport zu Wellness wird, merkt man wohl erst, wenn dafür kaum Zeit ist. Ein Gruppenkurs oder Training mit der richtigen Musik im Ohr ist für mich oft wie ein Kurzurlaub. Mittlerweile geht Mia gerne in die Kinderbetreuung und lässt mir sogar genug Zeit, um in Ruhe zu duschen oder mal in die Sauna zu gehen.

Eva, 38
2 Kinder | Instagram: @evaimhof

DIE TURN-MUTTI UND DER KLETTERBAUM

Mein Mann ist durch seinen Job viel unterwegs und deshalb war ich mit meinen Zwillingen häufig alleine. So habe ich es nicht mal zum Rückbildungskurs geschafft. Als ich die beiden eines Tages mit dunkellila Augenringen durch den Park schob, ist mir an einem Baum ein Werbezettel aufgefallen: »Mama-Fitness mit Kinderwagen«. Das klang verlockend! Und tatsächlich: Kurze Zeit später bin ich mit mehreren anderen Mamis am Ufer der Spree entlang geturnt und habe joggend meinen Zwillingswagen vor mir hergeschoben. Den eigenen Körper mal wieder zu spüren und frische Luft einzuatmen war mein kleines Wellness-Programm! Die Kleinen sind über das Geturne und Gehopse sogar oft eingeschlafen. Es kam öfters der ein oder andere Opa vorbei, hat gelacht und uns angefeuert: »1, 2, 3 – toll, wie ihr das macht!«. Am Anfang waren mir solche Kommentare noch unangenehm, aber irgendwann habe ich mich gefreut, dass unsere Muddi-Truppe offensichtlich gute Laune verbreitet. Unser Sportprogramm haben wir durchgezogen, bis die Zwillinge zweieinhalb Jahre alt waren! Irgendwann sind sie aus ihrem Kinderwagen ausgestiegen und haben angefangen mitzuturnen. Als es so weit ging, dass sie mich dabei als Kletterbaum benutzten, wusste ich: So, jetzt reicht es dann auch. Aber ich erinnere mich immer gerne an unseren Sportelspaß zurück.

Wissenswertes

- 194 MILLIONEN *Euro geben deutsche Frauen insgesamt pro Jahr für Wimperntusche aus.*[19]

- *Im Laufe ihres Lebens verbraucht eine Frau rund* 875 *Lippenstifte – das entspricht 3,5 Kilogramm.*[20]

- *129 Euro gibt der Europäer durchschnittlich im Jahr pro Kopf für* KOSMETIKA *aus. In Deutschland sind es 158 Euro. Deutschland ist der mit Abstand größte Markt – vor Frankreich, Großbritannien und Italien.*[21]

- *60 Prozent der Mütter wünschen sich zum* MUTTERTAG *Kosmetika.*[22]

Wenn es mal ausreichend SCHLAF *geben sollte:*

Eine Raumtemperatur von 15 bis 18 ° C gilt als optimal. [23]

Voll zu stillen verbraucht etwa 400 BIS 600 *Kalorien am Tag.* [24]

---

[19] http://www.news.de/reisen-und-leben/855209939/der-preis-der-schoenheit/1/
[20] http://www.news.de/reisen-und-leben/855209939/der-preis-der-schoenheit/1/
[21] http://www.manager-magazin.de/unternehmen/handel/ausgaben-fuer-kosmetik-deutschland-ist-europameister-a-1087681.html
[22] http://www.presseportal.de/pm/100772/2728455
[23] http://www.focus.de/gesundheit/gesundleben/schlafen/richtig-gut-schlafen-12-wahrheiten-ueber-schlaf_id_3618137.html
[24] http://www.familie.de/baby/stillen-und-abnehmen-511334.html

#5 Gute Nacht

Eltern wissen, was Folter ist. Gegen vier Uhr in tiefer Dunkelheit mit dem Baby auf dem Arm auf einem Pezziball herumhopsen zum Beispiel. Oder nach einer Nacht, in der man schon unzählige Male geweckt wurde und immer wieder nur kurz weggenickt ist, um fünf Uhr dreißig morgens mit fröhlichem Kichern und von klatschenden kleinen Händchen endgültig zum Aufwachen bewegt zu werden – wenn auch von diesem fantastischen kleinen Menschen, den man über alles liebt. Aber: Schlafen! Bitte! Man will doch nur ein bisschen mehr schlafen...!

Das ist der Wunsch der meisten Mütter und Väter mit Kindern, besonders wenn diese Kinder gerade erst geboren worden sind. Doch viele Babys haben das anfangs einfach noch nicht drauf mit der Tag-Nacht-Sache: Wenn man ganz neu ist auf dieser Welt, woher soll man dann auch wissen, dass es Schlafenszeit ist, wenn die Sonne untergeht, und dass danach eh nicht mehr viel Spannendes passiert? Im Bauch von Mama war es ja auch 24/7 stockduster, da konnte man schlafen, wann man wollte und nicht wenn die Uhrzeit es vorgegeben hat.

Eltern leben mit diesem Tag-Nacht-Rhythmus aber schon ein paar Jahre und wenn er jetzt tüchtig durcheinandergewirbelt wird, kann das eine echte Qual sein. Es hilft nichts: Da muss man durch. Und es stimmt, irgendwann schlafen sie alle durch. Bei manchen dauert es länger, andere schaffen es früher. Egal, wann die ruhigen Nächte erreicht sein werden: Was jetzt hilft, verraten die Mamis in diesem Kapitel.

Jana, 29
2 Kinder | Blog: mammaville.de

POWERNAPPING À LA MAMA

Auch wenn Carla nachts relativ gut schlief, fühlte ich mich schon mittags um zwölf Uhr, als wenn ich einen Marathon gelaufen wäre und auf der Siegerparty danach etwas zu tief ins Glas geschaut hätte. Ich war total platt, hätte per Fingerschnipp einschlafen können und mein Denkapparat lief nur noch auf Standby. Leider nahm das Baby da nicht viel Rücksicht. Mittagsschlaf passierte ihr nur aus Versehen und das auch nur in der Trage oder im Auto. Meist griff ich kurzerhand beherzt zum Autoschlüssel und fuhr eine Runde um den Block. Es dauerte keine fünf Minuten, bis die kleinen Augen zugefallen waren. Um nicht vor Müdigkeit gegen den nächstbesten Baum zu fahren, stellte ich mich dann wieder in unsere Einfahrt, fuhr meinen Sitz zurück und schlummerte so lange wie Carla es zuließ, der Paketbote ans Fenster klopfte oder das Handy klingelte und mein Mann anrief, um mir zu erzählen, wie müde er sei.

Sonja, 31
1 Kind | YouTube: oneloveliva

HILFE, DAS BABY SCHLÄFT NUR BEIM STILLEN EIN!

Man hört es fast überall: Gewöhne das Kind nicht an das und jenes, sonst kommst du nie wieder davon los. Wenn das Baby zum Beispiel immer die Brust zum Schlafen braucht, wird es nie alleine einschlafen. Hallo? Mein Baby schläft und das auch noch super schnell – genau das ist für mich das Allerwichtigste! Ich kann nur jeden bestärken: Wenn ihr eine Möglichkeit gefunden habt, wie euer Baby leicht und recht zügig in den Schlaf findet, ist das Gold wert! Belasst es dabei, ändert nichts und genießt es!

Michelle, 23
1 Kind | Instagram: mi.chelle__

PROBIEREN, BIS ES PASST

Nachts war Schlafen bei uns noch nie ein Problem, aber dafür haben wir einiges durch, was das Einschlafen tagsüber angeht. Im Rückblick lässt es sich in viele kleine Etappen zusammenfassen: In den ersten Wochen ist unsere Kleine tagsüber immer beim Kuscheln eingeschlafen, auf meiner Brust oder bei ihrem Papa und war dann durch nichts aus der Ruhe zu bringen. Nach drei Wochen konnte sie am besten schlafen, wenn wir sie nach dem Einschlafen auf den Bauch gedreht haben. Mit sechs Wochen wurde sie immer ganz unruhig und zappelig, wenn sie müde war und konnte nur einschlafen, wenn wir sie gepuckt haben. Mit acht Wochen brauchte sie etwas vor die Augen, zum Beispiel ein Kissen, in das sie sich kuscheln konnte oder ein Mulltuch. Mittlerweile schläft sie tagsüber meistens nur ein, wenn ich sie durch die Wohnung trage, ihr Gesicht in meiner Armbeuge versteckt. Rückblickend lässt sich alles gut sortieren, aber es hat immer eine Weile gedauert, um herauszufinden, wie sie wieder besser schlafen kann – es wäre natürlicher einfacher gewesen, hätte ich es vorher schon gewusst. So haben wir einfach mit viel Geduld herumprobiert, bis es passte.

Viktoria, 29
2 Kinder | Instagram: viktoria_luisa_frida_

EIN FESTER RHYTHMUS IST DAS A UND O

Schon in den ersten Lebenswochen haben wir Frida, wie auch ihre große Schwester, um neunzehn Uhr (plusminus zehn Minuten) ins Bett gelegt. Es war egal, ob sie dann schlief oder nicht, es ging uns einfach darum, dass Frida einen vernünftigen und festen Schlafrhythmus entwickelt. Und ihre große Schwester Luisa sollte auch nicht das Gefühl bekommen, dass Frida bevorzugt behandelt wird und eventuell länger aufbleiben darf als sie selbst. Wenn Frida ins Bett gebracht wird, ziehen wir ihr den Schlafanzug und Schlafsack an und sorgen dafür, dass Ruhe ins Haus einkehrt. Ich habe sie immer bei gedimmtem Licht gestillt und ihr Kuscheltier gestartet – eine Schildkröte mit Nachtlicht und Unterwasser-Projektion, die sich praktischerweise nach etwa zwanzig Minuten abschaltet. Anschließend habe ich sie ins Bett gelegt und die Schildkröte noch mal neu gestartet. Ein solcher Rhythmus bedeutet einen gewissen Verzicht auf die Dinge, die uns Erwachsenen Spaß machen: Dass wir die ein oder andere Veranstaltung früher verlassen müssen oder sogar schon vorher absagen, ist leider der Preis für ruhige Nächte mit ausreichend Schlaf. Seit der sechsten Woche schläft Frida so gut wie immer von neunzehn Uhr abends bis etwa sechs Uhr morgens durch.

Tuba, 29
2 Kinder | Blog: www.tubaerguen.de | Instagram: tubaerguen

FLASCHE, SPIELUHR – SCHLAF!

Meine Prinzessin war neun Monate alt , als wir ihr beigebracht haben, allein einzuschlafen. Anfangs war es nicht einfach, aber mit Ritualen haben wir das gut hinbekommen. Ich habe sie gegen zwanzig Uhr bettfertig gemacht: Windel gewechselt, Schlafanzug angezogen, ihre zwei Zähne geputzt und den Schlafsack übergezogen. Als sie dann im Bett lag, gab es die Flasche und die Spieluhr wurde eingeschaltet. Und kaum war die Flasche leer, war sie schon am Schlafen. Ich glaube: Es ist wichtig, immer exakt dieselben Rituale zu verwenden, damit es zur Gewohnheit wird.

Sandra, 30
2 Kinder | Blog: landmamiblog.wordpress.com

KÜSSE VOR DEM KAMIN

Bewusst für das Familienbett entschlossen haben wir uns in einem Urlaub. Wir hatten einfach keine Lust, dort abends ein bis zwei Stunden am Bett unserer Tochter zu wachen, bis sie endlich einschläft. Also nahmen wir sie in unsere Mitte: Zehn Minuten kuscheln und sie schlief selig. Als wir nach einer Woche sehr entspannt nach Hause fuhren, bauten wir dort direkt unser Bett um. Wir stellten es mit einer Seite an die Wand und bauten an der offenen Seite das Kinderbett an – so entstand eine zweieinhalb Meter breite Liegefläche. Im Wechsel bringen mein Mann und ich sie gegen neunzehn bis neunzehn Uhr dreißig ins Bett. Wir kuscheln uns zu ihr und sie schlummert ein. Wir selbst gehen dann einige Stunden später ins Bett, wovon sie nichts mitbekommt. Nachts wacht sie sehr selten auf, in der Regel nur, wenn sie Durst hat oder krank ist. Wir genießen das alle sehr. Wenn wir abends ins Bett gehen und dieses niedlich schlummernde Mädchen noch einmal küssen und herzen können, ist das einfach wunderbar.
Und wir, als Paar? Wenn uns der Sinn nach Romantik, einem Glas Rotwein, klassischer Musik und Ringelpiez mit Anfassen steht, gibt es dafür unzählige schöne Orte, zum Beispiel den Platz vor dem Kamin. In diesem Sinne wünsche ich euch wunderbar angenehme Nächte!

Stella, 24
1 Kind | YouTube: StellaBawü

DEN TAPETENWECHSEL NUTZEN

Unser Sohn war 14 Monate alt, als wir in eine neue Wohnung zogen und er sein eigenes Zimmer bekam. Das wollten wir nutzen, um ihm endlich beizubringen alleine einzuschlafen. Denn bis dahin ging das nur bei Mama und Papa. Oder wir mussten eine Stunde lang neben seinem Bett sitzen und bei jeder noch so kleinen Bewegung weinte er und schrie wie am Spieß! Der Durchbruch kam bei uns durch einen kleinen Urlaub bei einer Freundin. Dort ließ ich ihn mit ihrer Unterstützung schreien, bis er einschlief: Es dauerte 15 Minuten. Am nächsten Tag waren es nur noch acht Minuten. Beim nächsten Mal schlief er schon ganz ohne Schreien ein. Wir sind kein Fan dieser Methode, aber für uns war es das Beste, das wir tun konnten. Manchmal helfen ein Tapetenwechsel und Konsequenz!

Michèle, 32
1 Kind | Instagram: mimiundkruemel

MÜDE, ABER NICHT ZU MÜDE

Babys schlafen einfach ein, wenn sie müde sind! So hatte ich mir das gedacht. Ich wäre selbst nie darauf gekommen, dass so kleine Wesen Hilfe beim Einschlafen brauchen. Nach einer geraumen Zeit, in der wir alles versucht hatten – nasse Windel? Kuscheln? Das ewige »Ich glaube, sie hat noch Hunger« von meinem Mann … – meldete mein frisch entdeckter Mutterinstinkt sich mit dem Verdacht, dass Lélia einfach überdreht und übermüdet ist. Sie schien so hibbelig und kein bisschen schläfrig. Aber: Je müder sie ist, desto schwieriger ist es für sie, in den Schlaf zu finden und sie wacht auch immer wieder auf. Nach wie vor müssen wir abends »die Kurve kriegen«. Lélia muss schon eine gewisse Bettschwere haben, darf aber keinesfalls zu müde sein. Das ist nicht immer leicht zu deuten bei einem noch so kleinen Baby, aber es klappt immer besser und besser.

Nicole, 30
1 Kind | Instagram: prettylittlelion_

DER MAXI-COSI ALS LETZTE RETTUNG

Als frische Eltern probierten wir natürlich vieles aus, was unser Baby zum Schlafen bringen würde: Tragen, Flasche und Kuscheln natürlich. Es gab jedoch Momente, in denen wir einfach nicht mehr weiterwussten. Mattis war müde, hatte am Tag viel erlebt, genug gegessen und gewickelt war er auch – trotzdem fand er nicht in den Schlaf. Bei einem Spaziergang in der Stadt fiel uns eines Tages auf, dass er schnell einschlief, sobald er im Maxi-Cosi getragen wurde. Da war sie also, unsere Rettung. Wenn wirklich nichts anderes mehr half, wurde der Maxi-Cosi samt Kind so lange sanft geschaukelt, bis er selig einschlief. Dann konnten wir das endlich auch tun.

Sandi, 31
2 Kinder | Blog: stranddeswahnsinns.wordpress.com

DER VENTILATOR SICHERT DIE LAGE

Da war das Baby gerade eingeschlafen und schon liefen wir große Gefahr, dass es in der nächsten Sekunde von irgendeinem noch so leisen Geräusch wieder aufschreckte und das Einschlafprocedere von vorne losging. Bei uns hat es dann geholfen, schon zum Einschlafen einen Ventilator laufen zu lassen. Er erzeugt einen gleichbleibenden, rauschenden Ton – Babys lieben das ja. Außerdem schluckt der durchgängige Ton andere Geräusche, die unerwartet dazukommen und das Kind aufschrecken lassen könnten. Ich muss sagen, mittlerweile schlafe auch ich besser mit diesem beruhigenden Nebengeräusch. Gut funktioniert auch ein Zimmerbrunnen, Radiorauschen oder Apps, die solche Geräusche produzieren.

Michèle, 32
1 Kind | Instagram: mimiundkruemel

WAS TAGSÜBER NICHT GEHT, KANN NACHTS FUNKTIONIEREN

Léila braucht sehr viel Nähe, deshalb war das »ins Bett bringen« jede Nacht eine Tortur. Wir legten sie nämlich gar nicht erst ins Bett, weil wir dachten, das würde sowieso nicht klappen – wo sie doch tagsüber so gerne am Körper schlief. So nahmen wir sie abends in die Trage und hüpften auf dem Pezziball herum, während wir mit wilden Verrenkungen versuchten, zu essen. Irgendwann hatte ich das Gefühl, dass sie bei uns einfach keine Ruhe finden kann und so haben wir doch getestet, sie ins Schlafzimmer zu legen. Es hat ab der ersten Nacht funktioniert! Ein kuschelbedürftiges Baby heißt also nicht, dass es nicht auch mal seine Ruhe braucht. Und ich habe gelernt, dass nachts immer wieder Dinge funktionieren, die tagsüber ein „No-Go" wären – da hilft nur Ausprobieren.

Yavi, 30
1 Kind | Instagram: yavi_moves

IN DEN SCHLAF GEHÜPFT

Es gab immer genau drei Dinge, die unseren schreienden Lias schlagartig beruhigten: der Pezziball, der Föhn oder ich beim Sporteln. Wenn Lias weinte oder nicht schlafen konnte, dann hüpften wir mit ihm auf dem Pezziball – ziemlich genau so, wie ich es während der ganzen Schwangerschaft zur Geburtsvorbereitung getan hatte. Gleiches Spiel beim Föhnen – oder alternativ mit einer Föhnapp (perfekt für unterwegs!). Auch wenn er mir beim Workout zusah war die Welt wieder in Ordnung. Aber wehe, der Föhn ging aus oder ich gönnte mir eine Verschnaufpause!

Julia, 36
2 Kinder | Blog: doppelkinder.wordpress.com

IN DEN SCHLAF WIPPEN

Als Zwillingsmama war es für mich existenziell, dass meine Jungs gleichzeitig schlafen. Da beide keine besonders talentierten Schläfer waren, waren wir auf ein Hilfsmittel angewiesen: unsere Federwiegen. Wir hängten beide nebeneinander auf, so konnte ich beide Kinder bequem in den Schlaf wippen. Es gibt verschiedene Anbieter für diese Wiegen, manche bieten sogar die Möglichkeit, sie zu mieten. Außerdem findet man im Internet Anleitungen, wie man die Wiege selbst nähen und wo man eine entsprechende Feder bestellen kann. Später können die Kinder die Wiegen als Hängesitze im Kinderzimmer benutzen.

Melanie, 37
2 Kinder | Instagram: meinekleineliebe

WER SATT IST, SCHLÄFT AUCH GUT

Ab dem Alter, in dem unsere Kinder mit Brei begonnen haben, hatten wir jeden Abend ein Ritual: Anfangs mit Muttermilch oder Babynahrung zubereitet, gab es vor dem Schlafengehen anstatt einer Flasche noch einen selbst gemachten Brei. Die aufgekochte Milch habe ich immer mit (zuckerarmen) Keksen, Gries oder Haferflocken verfeinert. So waren meine beiden gesättigt und schliefen durch.

Yavi, 30
1 Kind | Instagram: yavi_moves

ELTERNBETT VERSUS BEISTELLBETT

Unser Klammeräffchen schlief anfangs schlecht und wenn, dann nur auf Mama oder Papa. Das Beistellbett wurde komplett boykottiert. Trotz aller Warnungen und entgegen unseres Planes, ihn ausschließlich im Beistellbett schlafen zu lassen, schlief er in unserem Bett. Mit vier Wochen legten wir ihn dann in ein »Cocoonababy«, eine ergonomisch geformte Matratze, die das Baby wie in einen Kokon einhüllt – unsere beste Anschaffung! Es schien ihm Geborgenheit und Sicherheit zu geben und nachdem die Matratze eine Weile zwischen uns stand, stellten wir sie ins Beistellbett und konnten ihn so sanft und ohne Tränen an seinen neuen Schlafplatz gewöhnen. Es hat mich gelehrt: Überlegt euch vorher, was ihr möchtet, aber scheut euch auch nicht, von eurem Plan abzuweichen. Denn nichts ist wichtiger als die Bedürfnisse eures Kindes und dass ihr als Eltern feinfühlig darauf eingeht.

Francesca, 27
1 Kind | Instagram: MammadellaPrincipessa

AB AUF DEN BALL

Ich musste Mia die ersten Monate ständig in den Schlaf tragen – hinsetzen war nicht drin! Aber es war so anstrengend, ständig durch die Wohnung zu laufen. Eine Bekannte riet mir, einen Pezziball zu kaufen und sich mit Baby daraufzusetzen. Die Vorstellung, mit meiner Tochter auf diesem Ball herumzuhüpfen, kam mir erst seltsam vor. Aber es funktionierte und machte Spaß. So konnte ich auch wieder mal in Ruhe eine Serie schauen, während ich meine Tochter leicht in den Schlaf »hopste«. Mia hat sich auch nicht daran gewöhnt, inzwischen schläft sie alleine ein. Ich denke, die Kleinen brauchen einfach ihre Zeit und auf dem Weg dahin hat uns der Ball sehr gut geholfen.

Julia, 29
2 Kinder | Blog: capuletscuties.de

DER »MAMA-VERLÄSST -DAS-ZIMMER-RADAR«

Es klingt bescheuert und sieht auch ganz bestimmt so aus – aber es wirkt! Die Situation: Das Baby ist endlich in seinem Bett eingeschlafen, die Gute-Nacht-Melodie der Spieluhr läuft noch. Das Problem: Man selbst ist auch noch im Bett und Babys scheinen eine Art »Mama-verlässt-das-Zimmer-Radar« zu haben. Die Lösung: Man muss sich das noch laufende Schlaflied zunutze machen! Seit Kurzem achte ich beim Hinausgehen darauf, die Füße immer angepasst an den Takt der Musik auf den Boden zu setzen. So entstehen keine noch so kleinen störenden Nebengeräusche, die das Baby wieder aufwecken könnten. Außerdem platziere ich das Lieblingskuscheltier immer schon zwischen uns, während ich unsere Tochter noch in den Schlaf wiege. Ich hab das Gefühl, dass sie dadurch von vornherein beruhigter ist, als wenn ich es ihr erst im Bettchen gebe.

Frida, 30
3 Kinder | Blog: fridafridafrida.com

MEINE BABYS, DIE SPECKMADEN

Jedes meiner drei Kinder hatte nach der Geburt einen ausgeprägten Moro-Reflex. Dabei wirbeln die Säuglinge ganz überraschend und schreckhaft während des Schlafes ihre kleinen Ärmchen in die Luft, als befänden sie sich gerade im freien Fall. Oft war es dann so, dass sie davon aufwachten, ziemlich unzufrieden waren und weinten. Der Weg zurück in den erholsamen, aber auch meist kurz andauernden Schlaf, konnte ziemlich lange andauern. Bei unserem ersten Kind wusste ich mir oft nicht anders zu helfen als ihn stundenlang in einem Tragetuch durch die Gegend zu tragen. Unsere Hebamme gab uns dann den Tipp mit dem Pucken: Durch eine spezielle Wickeltechnik mit Tüchern werden den Babys Grenzen für die Bewegung von Beinen und Armen gesetzt. Der Anblick war erst einmal gewöhnungsbedürftig: Alle drei unserer Kinder sahen in den ersten Monaten aus wie kleine Speckmaden. Aber es wirkte! Sie schliefen am Tag und in der Nacht lang und erholsam und ich hatte dadurch kleine Verschnaufpausen für mich allein.

Anne-Katrin, 31
2 Kinder | Instagram: Mamiherzchen

STILLEND IN DEN SCHLAF

Leni hat schon immer sehr gut an der Brust getrunken und wir hatten nie Stillprobleme. Als Säugling bedeutete die Brust für sie nicht nur Nahrungsaufnahme, sondern sie gab ihr Sicherheit, Schutz, Wärme, Nähe und Liebe. Somit schlief Leni auch oft beim Nuckeln ein und das Stillen wurde bei uns nach und nach zu einem festen Einschlafritual. Als sie sechs Monate alt wurde, gehörten wir in meinem Bekanntenkreis schon zu den wenigen, die noch stillten. Nun ist Leni ein Jahr alt und um in den Schlaf zu finden, benötigt sie noch immer meine Nähe und meine Brust. In den Schlaf zu stillen ist ein schwieriges Thema und teilweise trauen Mütter sich gar nicht, öffentlich darüber zu sprechen. Auch ich habe das gespürt und viel über unser Einschlafritual nachgedacht. Hätte ich mein Kind niemals an der Brust einschlafen lassen dürfen? Soll ich meinem Kind die Brust vorenthalten, obwohl es darum bittet? Ist es richtig, dem Kind die Brust krampfhaft zu entwöhnen und es dafür an der Flasche einschlafen zu lassen? Ich weiß nicht, was richtig ist. Doch ich bin nach und nach zu dem Entschluss gekommen, dass jede Mutter das Beste für ihr Kind möchte und auch spürt, was ihr Kind benötigt. Egal welches Einschlafritual ihr für euch gefunden habt: Wenn es sich für euch und euer Kind gut anfühlt, wird es das Richtige sein!

Tanja, 45
2 Kinder | Blog: jomabelle.com

JEDES BABY IST ANDERS

Was ich gelernt habe, auch schon bei zwei Babys: Selbst wenn sie sich äußerlich ähneln, ist doch jedes Baby einzigartig und hat seinen eigenen Charakter. Unsere Große wollte nicht alleine im Zimmer liegen und einschlafen. Erst, wenn wir uns dazulegten, dann schlief sie ein. Wehe aber, ich stand auf und schlich mich aus dem Zimmer: Sofort wurde das Baby wach und schrie. Sie wollte einfach immer nah bei uns sein und mit Verwöhnen hat das meiner Meinung nach nichts zu tun. Bei unserer Kleinen war alles ganz anders: Wir konnten sie von Anfang an abends in ihr Babybay legen und sie schlief innerhalb kürzester Zeit ganz entspannt ein. Nur eine Voraussetzung musste erfüllt sein: Sie brauchte (und braucht es noch immer) ihr Schnuffeltuch. Sobald sie das Schnuffeltuch in ihr winziges Händchen gedrückt bekommt, ist ihre Welt in Ordnung.

Christine, 35
2 Kinder | Instagram: Happysideofmylife

FRÜHER INS BETT BRINGT MEHR SCHLAF

In den ersten Wochen mit Baby hat man meist keinen geregelten Tagesablauf, alles ist schwer bis gar nicht planbar. Aber Jan schlief immer gegen zweiundzwanzig Uhr ein und dann bis sechs Uhr morgens durch. Bei seinem Acht-Wochen-Schub war ich so fertig, dass ich mich entgegen meiner Bedenken, mein eigentlich durchschlafendes Baby völlig aus dem Rhythmus zu bringen, abends um neunzehn Uhr mit ihm ins Bett gelegt habe – und fest damit rechnete, dass unsere Nacht spätestens um drei Uhr vorbei wäre. Aber nein, er hat wie sonst bis morgens geschlafen und seit diesem Tag ist er jeden Abend um neunzehn Uhr ins Bett gegangen. So hatte ich plötzlich wieder abends Zeit für mich. Wir haben dann unseren Alltag immer mehr strukturiert und fanden es in vielen Situationen sehr angenehm, dass Jan seinen Ablauf hatte, den er mittlerweile brauchte und auf den wir uns meistens verlassen konnten.

Jana, 22
2 Kinder | Instagram: unsere.bunte.welt

EINSCHLAFEN AM SCHREIBTISCH

Laut, lauter: Leevi! Ob chronische Unzufriedenheit, Müdigkeit oder Bauchweh, unser Kleiner hat immer direkt kundgetan, wenn ihm etwas nicht passte. Die Wunderwaffe gegen das Schreien hieß bei uns Schreibtischstuhl. Ich kann gar nicht mehr sagen, wie viele Stunden ich im ersten Jahr auf diesem Stuhl verbracht habe! Sobald man sich mit ihm auf den Stuhl gesetzt und angefangen hat zu wippen, wurde er ruhig und ist schnell eingeschlafen. Aber bitte nicht zu zaghaft wippen, sondern so doll wie möglich! Bevor ihr über die Investition in einen teuren Schaukelstuhl nachdenkt, setzt euch erst mal mit eurem Baby an den Schreibtisch – vielleicht gefällt ihm auch das.

Annika, 28
1 Kind | Blog: theshadegirl.com

EINE ODE AN DAS SPUCKTUCH

Matti hat anfangs geschlafen wann, wo und wie er wollte. Irgendwann kam jedoch die Zeit, in der das nicht mehr funktionierte. Wir haben versucht, eine gewisse Routine einzuführen, damit der Kleine in seinem Bett einschlief. Singend, mit Föhn, mit Spieluhr, mit Whisky… – kleiner

Scherz am Rande. Mit genügend Durchhaltevermögen schafften wir es dann, dass er auf unserem Arm einschlief und wir ihn in sein Bett legen konnten. Alleine schlief er trotzdem nicht ein. Die Lösung ergab sich durch Zufall eines Abends: Matti schrie mal wieder und machte dabei oft ein Bäuerchen. Um Schlimmeres zu vermeiden, legte ich ihm das Spucktuch hin. Plötzlich vergrub er sein Gesicht darin und schlief kurz darauf ein. Das klappt bis heute super! Natürlich nehmen wir das Tuch weg, sobald er eingeschlafen ist.

Gesine, 33
2 Kinder | Instagram: mummy_birdie

WENN DER SCHNULLER LEUCHTET

»Du schläfst ja wie ein Baby!«: Wer das gesagt hat, hat selbst keine kleinen Kinder. Ein zu lautes Geräusch und sie sind wieder wach. Nachts muss man dann schnell sein... Aber wo ist der verdammte Nuckel?!? Wie oft habe ich mit Angstschweiß auf der Stirn nach den Dingern gesucht. Bis ich Leuchtnuckel entdeckte – meine Retter der Nacht! Wenn er dann noch an einer Schnullerkette befestigt am Schlafsack hängt, geht er garantiert nicht mehr verloren. Und die Kleinsten finden ihn so auch selbstständig ganz schnell wieder.

Katharina, 35
2 Kinder | Instagram: katharinamaria

STAUBSAUGER MIT ZWEITAUSEND WATT ODER: SCHLAF KINDLEIN, SCHLAF!

In den ersten Wochen, als es hieß, dass die Kinder tagsüber noch viel, viel schlafen, waren wir verunsichert, weil unser Oscar kaum die Augen zu tat. Aber wir fanden bald heraus, dass laute Geräusche ihm gefielen. Also haben wir ihm zum Einschlafen manchmal den Staubsauger laufend neben das Bett gestellt und das Geräusch sogar aufgenommen und über einen MP3-Player abgespielt. Die Angst, dass er sich daran gewöhnen könnte, lies uns weiter nach ausgefeilten Lösungen suchen. Die nächste Idee verlagerte den Ort des Geschehens auf die Terrasse. Da er wie auf Knopfdruck im Kinderwagen an der frischen Luft einschlief, legten wir ihn zum Schlafen in der Wanne seines Kinderwagens dick eingemummelt an die frische Luft – natürlich nicht als Alternative, sondern als Ergänzung zu den Spaziergängen. Und siehe da, er schlief wie ein Murmeltier. Manchmal so tief, fest und lange, dass wir ein schlechtes Gewissen bekamen. Sind wir Rabeneltern, weil wir unser Kind auf der Terrasse zum Schlafen parken? Glücklicherweise beruhigte uns unsere Hebamme schnell und bekräftigte uns in dieser Maßnahme. Vor allem befreite sie uns vom permanenten Staubsaugergedröhne.

Susanna, 37
1 Kind | Blog: afamilyaffair

MIT DEM FAHRSTUHL IN DEN SCHLAF

Unser Sohn Noam war ein sehr unruhiges Baby und wir fanden einfach keinen Weg, ihn zu beruhigen. Bis mir eine andere Mutter beim Rückbildungskurs den besten Tipp in Sachen Babys gab, den ich je bekommen habe. Ich sollte Noam vor dem Bauch halten und dann folgendes tun: Einen Schritt nach links machen, in die Knie gehen, hochkommen, Schritt nach rechts, in die Knie gehen, wieder hochkommen und so weiter. Immer hin und her. Ich habe es ausprobiert und es funktionierte tatsächlich. Noam ließ sich beruhigen und schlief dabei sogar ein. Fortan machten mein Freund und ich den sogenannten »Fahrstuhl«, wo immer wir auch gerade waren. Beim Spaziergang an der Alster, bei Geburtstagsfeiern von Freunden, an der Bushaltestelle, einfach überall!

Janine, 31
1 Kind | Instagram: Janiniditahiti

KNIEBEUGE IN DER NACHT

Irgendwann als Fynn nachts aufwachte und nicht mehr schlafen wollte, fing ich in meiner größten Müdigkeit an, mit ihm Kniebeugen zu machen. Und siehe da, die Kniebeugen beruhigten ihn und er schlief relativ schnell ein. Bis heute sind die Kniebeugen meine letzte Rettung, wenn Fynn mal wieder nicht schlafen will. Nebenbei treibe ich sogar noch ein wenig Sport. Und falls er mal eine Nacht nicht durchschläft, bleiben ja immer noch die Kniebeugen!

Wiebke, 33
1 Kind | Instagram: piepmadame

AKZEPTIERE DEIN BABY

Meine Tochter war schon im Bauch ständig aktiv und dauerwach. Auch im Wochenbett schlief sie nur an oder auf mir – und selbst dann nur zwanzig bis vierzig Minuten am Stück. Da war das noch okay für mich, denn ich wusste ja, dass Neugeborene diese Nähe einfach brauchen. Aber meine Maus wurde älter und schlief immer noch nicht, weder länger noch alleine. Ich fing an, an ihr »herumzudoktern«, probierte verschiedene Methoden, sogar in einem Schlaflabor waren wir. Nichts half! So kamen zu dem Schlafmangel noch die Anstrengungen dazu, sie ändern zu wollen. Ich war müde und unglücklich. Ganze elf Monate habe ich gebraucht, dann erst konnte ich mein Schicksal akzeptieren: Meine Tochter schläft schlecht. Punkt. Es wird irgendwann aufhören. Aber bis dahin werde ich meine Energien nicht mehr in Änderungsversuche stecken. Mittlerweile schläft Clara bis zu vier Stunden am Stück, meist aber nur 1,5 Stunden und durchgeschlafen hat sie noch nie. Sie ist jetzt zwei Jahre alt. Ich bin noch immer müde, aber längst nicht mehr unglücklich.

Inga, 21
2 Kinder | Blog: ingaavenue.com

EINEN RHYTHMUS FINDEN

Es ist klar, dass Babys anfangs überwiegend nur schlafen und erst mal keinen Rhythmus haben, aber wie bringt man seinem Nachwuchs bei, wann es Nacht ist und somit auch Schlafenszeit? Wir haben versucht, Gina immer um die selbe Zeit ins Bett zu legen und haben dabei langsam die Rollos heruntergelassen, ihre Spieluhr angestellt, ihr Nachtlicht angemachte und uns mit »Gute Nacht«-Wünschen von ihr verabschiedet. Das haben wir wirklich jeden Abend gemacht und bald gab es kein großes Theater mehr. Zum Mittagsschlaf haben wir sie auch in ihr Bett gelegt, aber die Rollos oben gelassen – damit sie auch tagsüber schlafen kann, wenn es noch hell ist.

Jana
1 Kind | Website: missbonnebonne.com

AUSZEIT AUF DEM ZEBRAKISSEN

Lange Zeit bedeutete es Stress für mich, meinen Sohn ins Bett zu bringen, weil ich meinte, dass es mir kostbare Zeit klaut, die ich zum »To-Do-Listen-Abhaken« bräuchte. Heute nutze ich die Zeit zum Abschalten. Wichtigstes Accessoire: Ein riesiges Zebra-Sitzkissen – mein »place to be« vor dem Babybett. Inzwischen sagt mein Kleiner schon zur Bettgehzeit: »Mama mit Zebby kuscheln!« Mama auf dem Zebra vor dem Bett ist sogar schon Teil des abendlichen Rituales geworden. Und inzwischen auch meine Zeit am Abend, in der ich herunterfahre. Auf dem Zebra, im dunklen Raum, mit einer durch die Gitterstäbe hängenden Babyhand in der meinen... Und ja, so manches Mal bin ich auch gleich mit auf dem Zebra ins Traumland gereist.

Nadja, 23
1 Kind | Instagram: mamaschildi

MAN DARF SICH AUCH MAL SCHLAFEND STELLEN

Da Schreien lassen für uns nie eine Option war, gingen mein Partner und ich einige Zeit wirklich auf dem Zahnfleisch. Nächtliche Streitereien, wer nun wieder aufstehen muss, inbegriffen (Tipp: Schlafend stellen hilft im Zweifel!). Meine Aggression auf all die Eltern, die schon durchschlafen durften, stieg ins Unermessliche. Was uns nun geholfen hat? Einfach wegzuhören. Die anderen zu ignorieren und uns nicht unter Druck setzen zu lassen. Er schläft nicht durch, aber es wird stetig besser, vor allem seit wir ein schönes, liebevolles Abendritual haben, das sich ganz ohne Zwang einfach eingeschlichen hat. Unaufgeregt und einfach: Essen, Schlafanzug anziehen, Buch lesen und kuscheln. Natürlich sind ab und an auch noch jetzt Nächte dabei, die uns am

Guten in der Welt zweifeln lassen. Dennoch habe ich das Gefühl, dass auch unser Sohn gespürt hat, dass wir nun entspannter sind und dass sich genau das auch auf ihn übertragen hat. Also Sonnenbrille auf und weitermachen! Zur Not auch das 586.447ste Mal in einer Nacht.

Jana, 22
2 Kinder | Instagram: unsere.bunte.welt

HUNDERT IST DIE MAGISCHE ZAHL

Unsere magische Zahl heißt: Hundert! Hundert Mal mit Baby auf dem Arm im Wippschritt hin und her gelaufen und unser Kleiner hat geschlafen. Nachdem sich Abend für Abend dasselbe Chaos abgespielt hatte und an Einschlafen im Bettchen gar nicht zu denken war, hatte ich irgendwann den Dreh raus: Nach achtzig Mal Auf-und-ab-gehen im Zimmer gingen die Augen zu, und bei hundert war er in 95 Prozent der Fälle so tief eingeschlafen, dass man ihn in sein Bettchen legen konnte, ohne dass er sofort wieder wach wurde. Auch für mich war es eine gute Ablenkung, mich einfach aufs Zählen zu konzentrieren.

Wissenswertes

- *Eine Umfrage der Zeitschrift „Baby und Familie“ ergab: Bei einem Viertel der Familien schläft das (jüngste) Kind meistens mit im* ELTERNBETT. *58 Prozent sagten, das Baby habe von Anfang an im eigenen Bett geschlafen – aber wenn das Baby nachts aufwacht, wird es von fast jeder zweiten Mama (47 Prozent) mit zu sich ins Bett genommen.*[25]

- 16 BIS 18 *Stunden schlafen Neugeborene in den ersten Wochen in der Regel täglich – verteilt auf viele relativ kurze Schlafphasen von jeweils maximal 3 bis 4 Stunden, sowohl tagsüber als auch nachts.*[26]

- *Der Schlafzyklus von Babys ist kürzer als der von Erwachsenen. Babys verbringen mehr Zeit in der leichten REM-Phase, dem sogenannten* TRAUM-SCHLAF. *Es wird also leichter und öfter wach.*[27]

- 50 *Prozent der Kinder unter 2 Jahren werden nachts wach.*[28]

- *264,4 Stunden blieb der Amerikaner Randy Gardner wach – 11 Tage und 24 Minuten! Er hält damit den* REKORD *für den längsten, wissenschaftlich dokumentierten Zeitraum mit gewolltem Schlafentzug. Er litt an Paranoia, Halluzinationen, Stimmungsschwankungen und psychologischen Störungen.*[29]

---

[25] http://www.t-online.de/eltern/baby/id_18702250/schlafen-im-elternbett-bis-zu-welchem-alter.html
[26] http://www.babycenter.de/a9022/praktikable-schlafgewohnheiten-von-0-bis-3-monaten
[27] http://www.babycenter.de/a9022/praktikable-schlafgewohnheiten-von-0-bis-3-monaten
[28] https://books.google.de/books?id=YhcyYZ7NGKkC&pg=PA68&lpg=PA68&dq=m%C3%BCtter+w%C3%BCnschen+sich+schlaf&source=bl&ots=Kiko19yiUq&sig=0aJswa3SBYGKfqYDrcRIAHTYocA&hl=de&sa=X&ved=0ahUKEwjWyfb63YPSAhWKXRQKHVWlCzAQ6AEIQzAJ#v=onepage&q=m%C3%BCtter%20w%C3%BCnschen%20sich%20schlaf&f=false
[29] https://gedankenwelt.de/passiert-mit-unserem-verstand-wenn-wir-nicht-genuegend-schlafen/

#6 Home sweet home

Mit Baby ist man plötzlich sehr viel zu Hause. Im Wochenbett sowieso, aber auch in den Monaten danach wird das vertraute Heim meist zum Lebensmittelpunkt. Und gleichzeitig ist da ein neuer Mitbewohner, der so unendlich viel Gepäck mitgebracht hat und damit für ordentlich Chaos in der Bude sorgt. Bettchen, Wickeltisch und Wiege müssen einen Platz finden und dazu kommen kiloweise Spielsachen und Klamotten sowie technisches Equipment: Sterilisator, Flaschenwärmer und Co.

Das muss alles einsortiert, weggeräumt, sauber gemacht werden – und dass man wegen des Babys viel zu Hause ist bedeutet ja nicht, dass man besonders viel Zeit für Hausarbeit hätte, geschweige denn eine Hand frei. Angesichts wachsender Wäscheberge und steigender Geschirrtürme, die schon lange vergeblich aufs Abwaschen warten, kann man schon mal die Krise kriegen. Denn in einer ordentlicheren Bude fühlt man sich einfach wohler.

Dabei gibt es ein paar Dinge, die schnell und einfach helfen – zum Beispiel wenn der Staubsauger zum Babyfahrzeug wird. Oder eine gemütliche Stillecke die Futterzufuhr bequemer macht. Oder man die Dinge auch mal liegen lässt und einfach akzeptiert, dass eben nicht alles geht und anderes jetzt wichtiger ist: Schlafen, mit dem Baby spielen oder einfach nichts tun zum Beispiel.

Antonella, 30
1 Kind | Blog: coccinellamia.wordpress.com

JEDE PHASE HAT IHRE HERAUSFORDERUNGEN

Ein dreiviertel Jahr nach der Geburt weiß ich jetzt auch, warum man kurz vor der Geburt noch mal so richtig in Schwung kommt und das ganze Haus von oben bis unten putzt. Weil man mit Baby fast gar nichts mehr schafft. Ich fühle mich nicht wohl, wenn alles herumliegt und einstaubt, aber zu Beginn hat man kaum eine Chance, etwas dagegen zu tun. Wobei es jetzt im Nachhinein gesehen anfangs doch einfacher war, als wenn die Kleinen mobil werden und den Papiermüll essen wollen, sich am Wassereimer hochziehen (und der fast umfällt) oder mit der Hand in die Toilette greifen, wenn man sie putzen will. Jeder Entwicklungsschritt hat seine Herausforderungen und man lernt immer wieder neu, damit umzugehen. Aktuell sitzt Elia auf dem Staubsauger, wenn ich sauge. Aber hey, dann kann ich wenigstens »in Ruhe« saugen!

Gesine, 33
2 Kinder | Instagram: mummy_birdie

AB AUF DEN BALKON

»Frische Luft tut Babys gut« ist eine alte Weisheit. Aber was macht man an den Tagen mit schlechtem Wetter, an denen man einfach nicht vor die Türe will? Oder wenn man im Haus so viel zu tun hat, krank ist oder, oder, oder... Meine beiden Kinder haben zahllose Stunden in einer Kinderwagenschale auf dem Balkon verbracht. Im Winter mit Wärmflasche unter der Decke. Im Regen mit Schutz darüber. Babyphon anstellen, Tür zu, Füßchen hoch (oder Staubsauger an, je nachdem). In Skandinavien haben die Kinderwagen übrigens »Übergröße« und die Kinder schlafen dort etwa bis zum dritten Lebensjahr draußen – bei jedem Wetter!

Chantal, 25
1 Kind | Instagram: a.instamommy

HER MIT DEM HANDSTAUBSAUGER

Damit sich nicht Berge von Wäsche auftürmen und der Boden irgendwann bedeckt ist von Spielzeug und Kekskrümeln, habe ich mir zum Ziel gesetzt, jedes Chaos sofort wieder in Ordnung zu bringen. »Das mache ich nachher« gibt es bei mir nicht mehr. Ich lasse den Wäschekorb nicht mehr überlaufen und lege die Klamotten direkt nach dem Waschen zusammen und zurück in den Schrank. Kekskrümel lasse ich gleich im Handstaubsauger verschwinden. Und bevor ich den Raum verlasse, räume ich alle Spielsachen zurück in die Kiste. Seit ich alles sofort erledige, häuft sich keine Unordnung mehr an und ich kann auch immer spontanen Besuch empfangen.

Jasmin, 27
bald 2 Kinder | Blog: familienimmerland.de

MACHT ES EUCH GEMÜTLICH

Stillen kann man immer und überall, aber gerade zu Hause machen eine gemütliche Atmosphäre und eine bequem eingerichtete Stillecke die Milchmahlzeit eures Babys für euch beide zu einem angenehmen Erlebnis. Schaut, was euch guttut und bereitet den Platz vor: Ein wohliges warmes Licht, gemütliche Kissen oder eine warme Decke können schon ausschlaggebend sein. Das richtige Stillkissen kann unterstützend wirken und sorgt für den extra Faktor an Bequemlichkeit für Mutter und Kind während einer Stillmahlzeit. Außerdem ist es abseits vom Stillen auch vielseitig einsetzbar, zum Beispiel als Rausfallschutz aus dem Elternbett.

Rebecca, 25
1 Kind | Instagram: batmom_and_little_robin

BESTER FREUND AUF VIER PFOTEN

Wir haben eine Französische Bulldogge namens Lilli. Tollpatschig bis über beide Ohren, aber ein echter Schatz. Was habe ich mir in der Schwangerschaft Gedanken darüber gemacht, ob das mit Baby und Hund alles gut gehen würde. Es kamen auch ständig Fragen und Ratschläge von allen Seiten, die meine Sorgen nur noch schlimmer machten: »Ist das nicht zu anstrengend?« oder »Das ist doch viel zu gefährlich!« Sogar engste Familienmitglieder rieten uns, den Hund wegzugeben. Doch das war selbstverständlich keine Option für uns. Als Robin geboren war, las ich irgendwo, dass man den Hund getragene Pipi-Windeln beschnuppern lassen solle, bevor er das Baby kennenlernt. Während ich nach der Entbindung noch im Krankenhaus war, transportierte also Papa täglich eine frisch gefüllte Windel mit nach Hause und präsentierte sie Lilli. (Am liebsten hätte sie sie gegessen, unser Hund ist schon ein bisschen seltsam…). Es hat funktioniert: Robin und Lilli lieben sich heute sehr!

Paloma, 23
1 Kind | Instagram: momcrusheveryday

EINKAUFSLISTE ERZÄHLEN

Ab einem gewissen Alter fing unsere Tochter immer sofort an zu weinen, sobald sie mal kurz alleine im Raum war. Mich brachte das zum Verzweifeln, weil ich sie nicht den ganzen Tag auf dem Arm tragen wollte. Schnell habe ich herausgefunden, was half: Ich habe angefangen, ein Lied zu singen und nicht aufgehört, als ich aus dem Zimmer ging. Dann hat sie nicht geweint, es hat ihr ausgereicht, mich zu hören. Statt zu singen habe ich bald auch aufgezählt, was ich noch einkaufen muss. Ich habe einfach aus dem anderem Raum zu meiner Tochter gesprochen und dabei auch immer wieder ihren Namen genannt. So hat sie gelernt, dass es nicht schlimm war, wenn ich mal kurz das Zimmer verließ, und ich konnte mich entspannt fertig machen.

Christin, 28
2 Kinder | Instagram: christiinamour

NEHMT HILFE AN!

Irgendwann konnte ich nicht mehr: In der Küche stand die Thermoskanne mit Stilltee unberührt auf der Arbeitsfläche, Milchpulver war auf dem Boden verstreut und die Schnuller waren immer noch nicht abgekocht. Meine Haare ähnelten einem Vogelnest und die Dusche war zwei Tage nicht gelaufen. Mein Outfit bestand aus einer Jogginghose und einem vom Baby vollgekotzten Still-Top. Ich rannte nur noch zwischen Waschküche und Babywiege hin und her, war fix und fertig. Meine Mutter und einige Freundinnen boten immer wieder ihre Hilfe an, doch ich war zu stolz um diese anzunehmen und meinen Mann wollte ich auch nicht ständig belasten. Doch nun war klar: Ich brauche Hilfe! Ich begriff, dass ich auch nicht alles alleine machen muss. So übernahm meine Mutter jeden Morgen die Aufgabe, unsere große Tochter in den Kindergarten zu bringen, mein Mann übernahm Aufgaben im Haushalt und ich konnte endlich mal in Ruhe ein warmes Schaumbad nehmen, mich entspannen – und einfach wieder zu Kräften kommen.

Alessia, 26
2 Kinder | YouTube: KunterBunter

TERMINKALENDER FÜR DIE FAMILIE

Ich habe bereits in der Babyzeit einen Wochenplaner eingerichtet, in den ich alles eintrage, was wann ansteht, erledigt werden oder besorgt werden muss. Der hilft mir dabei, nichts zu vergessen. Aber auch mein Mann kann dort alles sehen und wir müssen nicht mehr so viel zwischen Tür und Angel besprechen.

Katarina, 37
4 Kinder | Instagram: personaltraining_pankow

FESTE STRUKTUREN GEBEN KINDERN SICHERHEIT

Ich habe von Anfang an, schon in der Babyzeit, feste Strukturen eingeführt: Lego, Playmobil und Holzeisenbahn haben ihren festen Platz. Die Kleiderhaken sind beschriftet (das aber eher für den Papa), im Schuhregal hat jeder seinen eigenen Platz. Und jeder meiner vier Jungs sitzt beim Essen immer auf demselben Platz am Tisch. Um neunzehn Uhr dreißig Uhr werden die Zähne geputzt und dann wird vorgelesen. Diese Ordnung gibt den Kindern Sicherheit und das tut ihnen gut.

Natascha, 38
2 Kinder | Instagram: nataschAromano

DIE MIT DEM LUFTBALLON TANZT

Einfach mal schnell Staubsaugen, das ist mit Baby leicht gesagt, aber sehr schwierig umzusetzen. Ich habe da einen Trick entwickelt. Wenn man einen Luftballon aufbläst und ihn über die Öffnung legt, aus der die Luft wieder herausgeblasen wird (die hat jeder Bodenstaubsauger), wird der Luftballon in die Luft gepustet und tanzt vergnügt durchs Zimmer. Meine Kinder sind dann immer begeistert hinter mir her gekrabbelt und ich konnte endlich erfolgreich staubsaugen. Es hat uns allen Spaß gemacht! Und es kann auch helfen, wenn ein Kind Angst vor dem Staubsauger hat – probiert es mal aus.

Michelle, 23
1 Kind | Instagram: mi.chelle__

HAUSHALT IST NICHT DAS WICHTIGSTE

Mit einem Säugling und frisch in der Rolle als Mama, hat man meist den ganzen Tag mit seinem Baby zu tun. Lene hat noch nie viel geweint, aber sie brauchte von Anfang an Aufmerksamkeit und Beschäftigung. Auch jetzt mit fast fünf Monaten habe ich den ganzen Tag mit ihr zu tun, spiele mit ihr, singe ihr etwas vor, gehe mit ihr spazieren, oder wiege sie in den Schlaf. Immer noch komme ich im Haushalt eher selten zu etwas und jeden Tag zu kochen ist erst recht nicht drin. Das hat mich die erste Zeit sehr gestresst und unter Druck gesetzt. Ich dachte immer, wenn ich ja zu Hause bin, müsste ich auch mehr schaffen. Aber heute weiß ich, dass all die Dinge wie Wäsche waschen, Kochen und Staubwischen nicht das Wichtigste in meinem Leben sind. Die Zeit mit meinem Baby kommt nie mehr zurück. Die Kleinen wachsen so unglaublich schnell, verändern sich von Tag zu Tag und das will ich in vollen Zügen genießen. Mein Kind in meinem Arm zu haben, fest an mich gedrückt und einfach den Moment genießen – das ist mir am wichtigsten.

Daniela, 33
1 Kind | Facebook: gluckeundso

NEHMT EUCH ZEIT!

Zur Sterilisation von Schnuller und Co. haben wir immer Sterilisationsbeutel benutzt. Wir wollten einfach keine tausend Gerätschaften herumstehen haben, denn braucht man diese wirklich? Nein! Was man braucht, ist Schlaf und wenn andere Mütter sagen: »Leg dich hin, wenn dein Kind schläft!«, dann hör auf sie und mach das auch. Ich habe es gemacht, denn der Haushalt rennt nicht weg. Es ist dein Kind und es ist gut, richtig und wichtig, dass ihr euch die Zeit nehmt, die ihr braucht. Ich habe das sehr genossen: diese Ruhephasen und das Kennenlernen! Und dabei habe ich auch am besten gelernt, was mein Baby wann braucht.

Isabell, 24
1 Kind | Blog: fuehlmitmir.blogspot.de

HOCHSTUHL MIT BLICK ZUR KÖCHIN

Bevor Mia auf die Welt kam, war unser Zuhause überhaupt nicht kinderfreundlich. Heute sind wir Profis und könnten jedes Zuhause im Handumdrehen babysicher machen: Steckdosensicherungen, Kantenschutz, Laufgitter – alles installiert! Beschäftigung ist auch kein Problem: Damit ich auch mal in Ruhe duschen oder in der Küche kochen kann, haben wir in jedem Raum Spielzeug liegen. Und wenn ich am Herd stehe, setze ich Mia in den Hochstuhl, damit sie alles beobachten kann. Ich hoffe nur, sie schaut sich meine »Kochkünste« nicht ab, denn die stecken wirklich noch in den Kinderschuhen.

Alessia, 26
2 Kinder | YouTube: KunterBunter

IMMER MAL ZEHN MINUTEN MACHT ZUSAMMEN VIEL

In der Wohnung drehe ich mich eigentlich immer im Kreis: Gerade Küche aufgeräumt, Türgitter zu, damit die Schränke nicht gleich wieder ausgeräumt werden und dann »Warum ist es so still?«. Na super: Im Badezimmer sind alle Klorollen abgerollt und das Baby probiert gerade, wie die schmecken... Es gibt immer was zu tun, deshalb nutze ich jeden Augenblick, in dem die Kinder beschäftigt und gut gelaunt sind, um Dinge zu erledigen – auch wenn es jeweils nur zehn Minuten sind. Auch diese kleinen Schritte bringen auf den Tag verteilt eine Menge. Wann immer es geht, beziehe ich meine Kleinen mit ein: Staubsaugen klappt super – gerade wenn sie total schlecht drauf sind, finden sie es toll, wenn ich den Sauger anschalte. Zum Duschen nehme ich sie mit ins Bad. So kann ich die Schlafenszeiten der Kinder zum Durchatmen für mich selbst nutzen.

Berit, 35
2 Kinder | Blog: babyleaks.net

WAS WOLLTE ICH SAGEN? MAMA SCHREIBT LISTEN

Immer, wenn meine Hebamme gerade weg war, fielen mir Dinge ein, die ich sie gern gefragt hätte: »Wann schneide ich die Fingernägel?«, »Wann geht der Milchschorf ab?«... Also habe ich eine Liste angelegt. Es sollte nicht die einzige blieben. Bei chronischem Schlafmangel und Stilldemenz hilft es einfach, Wichtiges und Unwichtiges aufzuschreiben. Das macht den Kopf frei. Eine Einkaufsliste nicht nur für den täglichen Bedarf, sondern auch mit Dingen, die ich in Zeitschriften oder bei anderen Eltern gesehen hatte und irgendwann anschaffen wollte. Es kam noch die Liste »Was ich dem Papa erzählen wollte« und

»Fragen an den Kinderarzt« dazu. Ich mache das heute noch so, habe einen altmodischen Taschenkalender mit Platz für jede Menge Listen, To-Dos und Ideen. Hilft ungemein im Familienalltag. Und es tut so gut, Dinge von der Liste abzuhaken.

Elfi, 28
2 Kinder | Blog: traumjob-mama.de

MAXIMAL DREI WINDELN AM TAG – SO KLAPPT ES BEI UNS

Sein Kind durch sogenanntes »Abhalten« über Töpfchen oder Toilette schon sehr früh windelfrei zu bekommen, wenn man lernt, ganz genau auf die Signale seines Babys zu achten – diese »Windelfrei«-Methode war mir immer sehr suspekt. Durch den Bericht einer Freundin wurde ich doch neugierig und probierte es einfach nach dem nächsten Wickeln von Leni aus. Es funktionierte sofort! Von da an hielt ich Leni anfangs beim Wickeln immer über die ausgezogene, volle Windel und wenig später dann über der Toilette ab. Schnell haben sich feste Zeiten für ihr großes Geschäft ergeben, meist morgens und abends. Wobei man sagen muss, dass nicht jede Woche gleich ist: Babys können diesbezüglich einen sehr wechselnden Rhythmus haben. Aber unser erster Weg morgens führt uns immer Richtung Toilette. Meist brauchen wir dann nur drei Windeln pro Tag und »Stinki-Windeln« kenne ich kaum noch. Es gibt auch Mamas, die komplett aufs Wickeln verzichten – aber das ist nicht so meins. Manchmal dauert das »Übers-Klo-Gehalte« zwar mehrere Minuten, aber das ist dann gleich noch Armmuskel-Training für Mama. Die Vorteile liegen auf der Hand: Es spart eine Menge Müll und Geld, man achtet viel genauer auf die Signale seines Kindes und das Baby bekommt auch ein viel besseres Körpergefühl. Der Übergang zum richtigen Trockenwerden ist dann spielend. Ausprobieren und dranbleiben lohnt sich!

Wissens-wertes

- *Dafür braucht man keine Studie, es wurde aber trotzdem untersucht: Männer wie Frauen finden* HAUSARBEIT *ermüdend, anstrengend und langweilig.*[30]

- *Bei einer Studie mit berufstätigen Männern und Frauen zeigte sich: Eltern haben bei der Arbeit ein messbar niedrigeres Stresslevel als zu Hause. Die Männer gaben an, dass sie sich in den eigenen vier Wänden zufriedener fühlten. Frauen waren bei der Arbeit* GLÜCKLICHER.[31]

- *Verheiratete Frauen arbeiten im Haushalt im Schnitt über* 7 *Stunden mehr als Single-Frauen. Bei verheirateten Männern ist es 1 Stunde weniger als bei den Single-Männern.*[32]

- *Frauen mit mehr als 3 Kindern verbringen durchschnittlich 28 Stunden in der Woche mit der* WÄSCHE, *in der Küche und mit putzen.*[33]

- *Nach einer Erfassung der OECD arbeiten Frauen täglich 163,9 Minuten (2,7 Stunden) im Haushalt und Männer nur 89,9 Minuten (1,49 Stunden).*[34]

- *Je mehr Kinder eine Familie hat, desto weniger hilft der Mann im Haushalt mit: Laut der LBS-Familien-Studie machen MÄNNER in Beziehungen mit einem Kind weniger als ohne Kinder. Mit zwei oder drei Kindern machen sie noch weniger. Erst mit vier oder mehr Kindern sind sie wieder engagierter – wahrscheinlich, weil dann auch noch mehr Hausarbeit anfällt.*[35]

- *Frauen arbeiten mit jedem Kind ungefähr 4,09 Stunden mehr pro Woche im Haushalt.*[36]

30 https://www.edudip.com/w/225796
31 http://www.fr-online.de/psychologie/neue-studie-privatleben-stresst-uns-mehr-als-der-job,9563660,27674030.html
32 http://www.liliput-lounge.de/news/maenner-sorgen-mehr-hausarbeit/
33 http://www.liliput-lounge.de/news/maenner-sorgen-mehr-hausarbeit/
34 http://www.liliput-lounge.de/news/maenner-sorgen-mehr-hausarbeit/
35 https://books.google.de/books?id=GXYeBgAAQBAJ&pg=PA99&lpg=PA99&dq=hausarbeit+eltern+stunden&source=bl&ots=gHFfdFdW-j7&sig=PWEIcTJPzHtxJcsvZzVua2Ux38M&hl=de&sa=X&ved=0ahUKEwjbvb-hyYPSAhXEShQKHTDTDi4Q6AEIWTAJ#v=onepage&q=hausarbeit%20eltern%20stunden&f=false
36 https://books.google.de/books?id=GXYeBgAAQBAJ&pg=PA99&lpg=PA99&dq=hausarbeit+eltern+stunden&source=bl&ots=gHFfdFdW-j7&sig=PWEIcTJPzHtxJcsvZzVua2Ux38M&hl=de&sa=X&ved=0ahUKEwjbvb-hyYPSAhXEShQKHTDTDi4Q6AEIWTAJ#v=onepage&q=hausarbeit%20eltern%20stunden&f=false

#7 Fieber, Schnupfen, Bauchweh

Plötzlich ist die Stirn heiß, die Nase verstopft oder der Bauch drückt: Das Baby ist krank! Und Kranksein ist doof und kann sich unendlich lang anfühlen. Wenn man dann noch zum Kinderarzt muss, ist Alarmstufe Rot ausgerufen! Man muss das quengelnde Baby anziehen und sich in einen Raum voller weiterer Keime stürzen mit dem Risiko, dort längere Zeit zu warten, weil natürlich auch alle anderen den ersten Herbstschnupfen mitnehmen. Das erfordert Mut!

Oft leiden Mama und Papa mehr als die Kleinen, denn man will doch nicht, dass sie auch nur irgendein Wehwehchen haben. Gleichzeitig ist nun voller Einsatz gefragt – mit vielen Extra-Runden Kuscheln, Schaukeln, Singen und Trösten. Mit Liebe kann man einiges heilen. Beim Rest wirken selbst gekochter Hustensaft, der Nasensauger am Staubsauger oder perfekt abgestimmte Globuli.

Mütter wissen sehr genau, was helfen kann. Sei es das Geheimwaffen-Hausmittelchen, der eine bestimmte Kniff gegen Magenweh oder auch nur ein Trick, damit endlich diese Wadenwickel an den Beinchen halten. Zum Glück verraten sie hier, wie es geht!

Tessa, 27
1 Kind | Instagram: tessa.bergmeier

SCHNUPFEN? DEN STAUBSAUGER BITTE!

Ein Aufsatz für den Staubsauger, mit dem man Babys Schnodder aus der Nase saugen kann – als ich davon gehört habe, dachte ich erst: »Was für ein Quatsch!«. Doch dann hatte mein Baby diesen »Darth-Vader-Röchel-Schnupfen«, gegen den der herkömmliche Nasensauger keine Chance hatte und die Kleine bekam so schlecht Luft, dass ich in die Apotheke ging und dieses Teil bestellte. Ein Erfolg auf ganzer Linie, ich empfehle es seitdem immer wieder weiter! Ich konnte die Nase meiner Tochter damit ganz leicht von dem hartnäckigen trockenen Schleim befreien und sie konnte wieder frei atmen.

Michelle, 22
1 Kind | Instagram: aus_zwei_mach_vier

DIE NATUR UND IHRE HEILKRAFT

Vor der Schwangerschaft habe ich mich nie mit Naturheilmitteln beschäftigt, mittlerweile sind sie meine erste Wahl. Beim Zahnen hat uns zum Beispiel Osanit geholfen – als Globuli oder Gel. Bei Heiserkeit greifen wir zu Pulsatilla D12 Globuli. Bei wundem Babypo hilft Heilwolle. Erkältungen kann man mit Zwiebel behandeln oder auch den Kopf nachts etwas höher lagern, indem man ein Kissen unter die Matratze legt: So bekommen die Kleinen besser Luft und dadurch auch einen erholsameren Schlaf. Am besten fragt ihr die Hebamme, den Kinderarzt, Heilpraktiker oder Apotheker eures Vertrauens, was sie empfehlen. Natürlich gibt es immer Fälle, in denen »echte Medikamente« gefragt sind, bei Schmerzen und Fieber geben wir zum Beispiel einen Saft mit Ibuprofen.

Vika, 27
1 Kind | YouTube: Vikabella

GEHEIMWAFFE GEGEN HUSTEN

Bei Husten schwöre ich auf hausgemachten Zwiebelsaft. Dazu schneidet ihr eine Zwiebel in kleine Würfel und gebt diese in eine Schüssel. Bedeckt die Zwiebelstücke mit Wasser, gebt vier Esslöffel Zucker dazu und rührt um, bis er sich aufgelöst hat. Abgedeckt in den Kühlschrank stellen. Nach etwa zwei Stunden ist der Saft einsatzbereit und er hält sich noch etwa vier Tage.

Francesca, 27
1 Kind | Instagram: MammadellaPrincipessa

DUSCHEN MACHT DIE NASE FREI

Mias erster Schnupfen war die Hölle! Sie bekam durch die Nase nicht mehr richtig Luft und durch den Mund zu atmen hatte sie leider noch nicht raus. Die einen rieten mir zu Nasentropfen, die anderen rieten mir davon ab. Dann hatten wir selbst eine gute Idee: Wir gingen mit ihr unter die warme Dusche und setzten sie in der Wippe daneben, wenn wir duschten. Durch den Dampf wurden ihre Nasennebenhöhlen frei und nach ein paar Durchgängen konnten wir uns schnell vom Schnupfen verabschieden. Für mich ist das bis heute das beste Hausmittelchen.

Tessa, 27
1 Kind | Instagram: tessa.bergmeier

STRICKJACKE GEGEN SCHLUCKAUF

Meine Hebamme meinte, wenn Babys Schluckauf haben, ist ihnen oft zu kalt. Das stimmt! Ich konnte es bei meiner Tochter beobachten und oft auch bei mir selbst. Wenn ich nun Schluckauf habe, ziehe ich auch schnell eine Strickjacke an und es ist wieder gut. Dass ich das vor dem Baby nicht wusste…

Isabell, 24
1 Kind | Blog: fuehlmitmir.blogspot.de

TANZ DAS BAUCHWEH WEG

Drei-Monats-Koliken – natürlich hatten wir die auch. Jeden Abend hatte Mia Schmerzen und ich habe jedes Mal mit der kleinen Maus mitgelitten. Keine Salbe, kein Tee oder irgendwelche Tropfen konnten etwas ausrichten. Nur eins hat bei uns geholfen: Wir haben immer zusammen ein Lied gehört, das ich ihr auch schon im Bauch vorgespielt habe. Sobald ich auf »Play« gedrückt habe, hat sie aufgehört zu weinen und wir konnten super darauf tanzen! So ist sie dann immer friedlich auf meinem Arm eingeschlafen.

Nicki, 33
1 Kind| YouTube: Nickisbeautyworld

NICHTS HAT GEHOLFEN

Ich hatte eine tolle Geburt. Einen Wunschkaiserschnitt an einem Wunschdatum mit meinem Wunschkind. Hach, war das schön: Ich hielt mein Baby nach neun Monaten Schwangerschaft endlich in meinen Armen. Doch schon auf der Entbindungsstation schrie es, während alle anderen Babys friedlich schliefen. Es schrie und schrie. Ich stillte es, trug es und wickelte es, aber nichts half. Eine Krankenschwester sagte, das seien Drei-Monats-Koliken. Ich habe mich aber richtig geschämt, weil ich mein Kind nicht beruhigen konnte. War ich eine schlechte Mutter? Wir ratterten diverse Kinderärzte ab, ich las Bücher, googelte und fragte in Mami-Foren nach Tipps, aber bei uns funktionierte einfach nichts davon. Ich dachte mehr als ein Mal: »So, ich pack jetzt meine Koffer und bin dann mal weg auf den Bahamas. Ruft mich an, wenn es vorbei ist, okay?« Drei lange Monate mit wenig Schlaf und viel Geschrei: In dieser Zeit haben wir trotz unzähligen Nervenzusammenbrüchen unserem Baby ganz viel Liebe und Geborgenheit geschenkt und siehe da: Nach drei Monaten waren die Koliken verschwunden – einfach weg, als wäre nichts gewesen. Mein Baby konnte durchschlafen, es konnte still sein, es konnte lachen und wir konnten die Zeit als Familie nun in aller Ruhe genießen.

Kamila, 25
1 Kind | Instagram: fieska

GROSSPUTZ AUF DEM KOPF

Als wir zur U4-Untersuchung beim Kinderarzt waren, sprach er mich darauf an, warum mein Sohn noch so viel Milchschorf auf seinem Köpfchen hätte. Ich muss sagen, das war mir sehr unangenehm. Ich hatte oft probiert, den Schorf mit einem Waschlappen und Babyöl zu entfernen, aber das half nichts und ich traute mich auch nicht, zu stark daran zu reiben. Der Kinderarzt hat uns dann ein spezielles Gel aus der Apotheke empfohlen. Ich wusste nicht, dass es so was gibt. Die Anwendung war sehr einfach: Gel auf dem Köpfchen einmassieren, kurz einwirken lassen und auswaschen. Nach zwei Anwendungen war der Milchschorf weg und die schönen Haare meines Sohnes kamen zum Vorschein.

Jasmin, 27
bald 2 Kinder | Blog: familienimmerland.de

SO HALTEN WADENWICKEL

Wadenwickel kenne ich noch von meinen Großeltern und Eltern und wollte sie auch zum Fieber senken bei unserem Baby nutzen. Nur sind alle herkömmlichen Handtücher einfach viel zu groß. Und wenn man etwas Passendes findet, beispielsweise einen kleinen Waschlappen, dann hält der keine Sekunde, sondern ist ganz schnell von den kleinen Speckbeinchen abgestrampelt. Mein Geheimtipp: Für einen besseren Halt könnt ihr ein Paar Socken von Mama über das nasse Tuch ziehen!

Lisa, 26
2 Kinder | Instagram: lisamamafe

DER PERZENTILKURVEN -WAHNSINN

Mit 3.200 Gramm und 52 Zentimetern brachte ich meine Tochter in der 41. Schwangerschaftswoche zur Welt. Ein kerngesundes kleines Mädchen. Doch sie ist im Laufe der Zeit immer weiter aus der Perzentilkurve gefallen. Eine Kurve, auf die viele Ärzte schwören und das sicher in der Regel auch zu Recht. Nun bin ich aber nur 1,60 Meter und ihr Papa ist zwar 1,80 Meter groß, aber wir sind beide sehr zierlich und schmal. Viel zu holen ist da also nicht. Vor jedem Arztbesuch bekam ich trotzdem Bauchschmerzen, weil ich wusste, dass meine Tochter gewogen wurde und sie – nach wie vor – leicht und klein war. Mit elf Monaten hatte sie bei der U6 ungefähr 6,5 Kilogramm und war knappe siebzig Zentimeter groß. Ich durfte mir sogar anhören, dass ich sie wohl nicht genügend ernähre – das war furchtbar. Mir wurde unter anderem geraten, ihr Butter und Sahne in den Brei zu mischen. Ich habe alles gemacht. Und wir hatten auch alles testen lassen, sie war gesund und bestens entwickelt. Schließlich wurde ich ins Kinderkrankenhaus geschickt: Zwei Wochen Überwachung und Filmen beim Füttern und Spielen. Gespräche mit Psychologen, Hunderte Male zur Blutabnahme und Sonographie. Und was kam heraus? Nichts. Ihr fehlt nichts! Sie ist und bleibt ein gesundes kleines Mädchen. Ich habe mich so verrückt machen lassen und fühlte mich als Versagerin. Es ist bis heute so, dass sie ein zierliches Mädchen ist. Genau wie ich! Aufmerksam zu sein war gut, schließlich hätte etwas Ernstes dahinterstecken können. Aber ich hätte mehr auf mein Gefühl hören und auf uns als Familie schauen sollen.

Frida, 30
3 Kinder | Blog: fridafridafrida.com

BEHERZTER BISS IN DIE SEIFENSCHALE

Was bei uns beim Zahnen tatsächlich immer geholfen hat, waren die kleinen weißen homöopathischen Kügelchen »Chamomilla« oder »Osanit«. Ob es nun tatsächlich an der beruhigenden Wirkung der Inhaltsstoffe lag, man an die Homöopathie glaubt oder es eben doch der süße zuckrige Geschmack der Globuli war: Es hat gewirkt und wir konnten die Tage des Zahnens mit wenig Tränen und roten Bäckchen verbringen. Für die lokale Stimulation des kleinen Kiefers, bekam ich den Life-Hack-Tipp meiner damaligen Physiotherapeutin: Einfach aus der Drogerie diese altmodischen Seifenschalen mit den vielen kleinen

Saugnäpfen kaufen. Wenn das Baby darauf herumbeißt und kaut, entsteht durch die Saugnäpfe immer mal wieder ein Unterdruck, den meine Kinder super fanden und es hat sie von den Schmerzen abgelenkt.

Jasmin, 27
bald 2 Kinder | Blog: familienimmerland.de

KALTE GURKE FÜRS GESCHWOLLENE ZAHNFLEISCH

Wenn die Zähnchen kommen, dann meistens mit ganz viel schmerzhaftem »Wumms«! Das Baby weint, sabbert und hat Schmerzen. Da hilft es oft schon, das Zahnfleisch zu kühlen. Wir haben dazu oft auf ein ganz einfaches Mittel zurückgegriffen: eine Scheibe kalte Salatgurke aus dem Kühlschrank!

Antonella, 30
1 Kind | Blog: coccinellamia.wordpress.com

EXPLOSION IM BABYKURS

Ich fand unseren Babymassage-Kurs toll: Elia war tiefenentspannt wie nie und hat die Stunden sichtlich genossen. Er hatte Drei-Monats-Koliken und wirklich massive Probleme mit Bauchweh. In dem Kurs haben wir unter anderem Griffe gezeigt bekommen, die gut bei Blähungen waren und Abhilfe schaffen konnten. Und siehe da, Elia hat so ziemlich in jeder Stunde des Kurses die Windel zum Explodieren gebracht.

Kamila, 25
1 Kind | Instagram: fieska

INHALIEREN OHNE GESCHREI

Adrian war zehn Monate alt, als uns die erste Bronchitis erwischt hat. Es fing sehr harmlos an, mit laufender Nase, aber über Nacht hatten wir plötzlich ein fieberndes Baby mit schlimmem Husten. Die Kinderärztin verordnete Inhalationen mit mehreren Medikamenten und einem strikten Inhalationsplan. Beim ersten Mal machte er noch gut mit, er fand den Inhalator spannend. Danach wehrte er sich plötzlich stark dagegen. Wir mussten ihn zu zweit festhalten – eine Qual für alle Beteiligten. Als mein Freund zur Arbeit ging und ich alleine mit Adrian war, musste ich das alleine schaffen. Ich setzte ihm Kopfhörer auf, spielte seine Lieblingslieder ab – und siehe da, mit etwas Ablenkung und Entspannung funktionierte es viel besser.

Miriam, 25
1 Kind | Instagram: mamaglueck2016

OJE, IMPFEN!

Über das Impfen wird unter Mamis viel geredet. Wenn das Thema aufkommt, hört man Geschichten über Babygeschrei beim Piksen, Mamitränen, anhaltendes oder auch hohes Fieber, unruhige Nächte, stündliches Füttern und Durchfall. Das alles prägt das Thema eher negativ. Eines stand aber für uns fest: Wir lassen Aden auf jeden Fall impfen. Als wir dann jedoch zum ersten Impftermin beim Kinderarzt gingen, wurde mir ganz mulmig. Das Piksen war fies – keine Frage. Aden hat stark geweint, doch bei Mama auf dem Arm war es auch schnell vergessen. Auf der Heimfahrt hat er tief geschlafen, von Fieber und Unruhe war aber glücklicherweise nichts zu spüren, weder am Tag der Impfung noch in der Woche danach. Da wurde mir wieder bewusst, dass es für jedes Baby jedes Mal anders sein kann und sich Sorgen machen nicht immer lohnt.

Carina, 27
1 Kind | Instagram: lovemyminnieme

DAS MILCHPULVER WAR ES

Mia war immer so ein wunderbar entspanntes Baby – bis es Abend wurde. Wir konnten in den ersten acht Wochen fast die Uhr danach stellen: Um Punkt zweiundzwanzig Uhr fing sie an zu brüllen. Sie hatte fürchterliche Bauchschmerzen und wir haben alles versucht, um ihr diese zu nehmen: Die Fliegerposition, Bauchmassagen, Kümmelzäpfchen oder Spaziergänge, aber nichts hat geholfen. Bis wir nach diesen langen, müden und schlaflosen Wochen einfach das Milchpulver gewechselt haben. Plötzlich war alles gut. Kein Brüllen, keine Schmerzen, sondern ein völlig entspanntes und zufriedenes Baby. Man muss nur darauf kommen…

Nela, 36
1 Kind | YouTube: NelaLee

ROHRREINIGUNG BEIM OSTEOPATHEN

Nicolas hatte am Anfang sehr mit seiner Verdauung zu kämpfen. Wir lagen nächtelang wach und waren schier am Verzweifeln, wie wir unserem kleinen Baby helfen könnten. Die »Windmühle« (Baby liegt auf dem Rücken, Beine anwinkeln und kreisförmige Bewegungen machen) und auch die »Pupspumpe« (ebenfalls Rückenlage und Babys Beine mit sanftem Druck gegen den Unterbauch massieren) haben bei uns nicht geholfen. Nach nervenzehrenden vier Wochen sind wir, auf Anraten meiner Hebamme, zum Osteopathen gegangen und siehe da, nach nur zwei Behandlungen, die gefühlt einer Rohrreinigung ähnelten, war unser Baby beschwerdefrei!

Isabell, 24
1 Kind | Blog: fuehlmitmir.blogspot.de

SCHLAFZIMMER WIRD DÖNERBUDE

Jetzt gerade ist es auch wieder soweit: Mia liegt neben mir und schnarcht, denn sie ist ordentlich erkältet und ich sitze mit im Boot. Aber es wird bald besser, denn ich habe eine Geheimwaffe auf dem Nachttisch liegen: eine aufgeschnittene Zwiebel! Die ätherischen Öle machen die Nase frei. Natürlich, günstig und besser als Nasenspray, das Mia sowieso verweigern würde. Anfangs habe ich nicht geglaubt, dass so etwas wirklich helfen kann, aber es wirkt Wunder. Einziger Haken: Mein Mann findet es nicht so super, wenn er gesund zwischen uns und der Zwiebel liegt und den Geruch ertragen muss. Ich muss zugeben: Unser Schlafzimmer riecht wie eine Dönerbude! Aber was muss, das muss.

Berit, 35
2 Kinder | Blog: babyleaks.net

LEINSAMEN IN DER BADEWANNE

Meine Tochter hatte oft trockene Pöckchen an Armen und Beinen, die sich durch keine Creme und kein Hausmittelchen besserten. Eine Kinderkrankenschwester empfahl uns ein Leinsamen-Bad: Die Leinsamen schnürt man zum Beispiel mit einem Mullverband zu einem etwa faustgroßen Säckchen, das man ein paar Minuten vor dem Kind in die Wanne legt. Am besten geht es mit einem Schlauchverband, den man zurechtschneidet, erst unten zusammenknotet, dann befüllt und schließlich oben zusammenknotet. Die Leinsamen quellen auf und es bildet sich ein öliger Film, der die Haut schön weich macht. Meine Kinder lieben es heute noch, auf den glitschigen Päckchen herumzudrücken und sich damit einzuschmieren. Für Mamas Haut ist das übrigens auch eine Wohltat!

Tessa, 27
1 Kind | Instagram: tessa.bergmeier

MUTTERMILCH DELUXE

Die Baby-Akne war bei meiner Tochter recht schlimm, aber ich hatte direkt das richtige Heilmittel »an Bord«: Muttermilch! Mit einem Wattepad auf die Haut aufgetragen, verschwanden die Pickelchen damit binnen zwei Tagen komplett. Auch als Nasentropfen war Muttermilch ganz wunderbar oder für kleinere Schürfwunden – wirklich ein kleines Wundermittel.

Wissens-wertes

- *10 bis 15* ERKÄLTUNGEN *pro Jahr bei Kindern sind völlig normal.*[37]

- *In den ersten* 12 *Lebenswochen sollten Babys bei Erkältungssymptomen oder Fieber immer einem Arzt vorgestellt werden.*[38]

- *Die normale Körpertemperatur eines gesunden Kindes beträgt 36,5 bis 37,5 °C. Bei 37,6 bis 38,5 °C spricht man von erhöhter Temperatur, ab 38,5 °C ist es* FIEBER *und ab 39 °C hohes Fieber. Eine schwere Krankheit muss auch bei hohem Fieber nicht dahinterstecken. Vor allem bei Kleinkindern sind Temperaturen von 38 bis 39 °C keine Seltenheit.*[39]

- *Erst ab 39, 5 °C wird empfohlen, fiebersenkende Medikamente zu geben. Bei niedrigeren Temperaturen kann man es mit Hausmitteln wie* WADENWICKELN *oder Essigsocken probieren.*[40]

- *Nach 3 Tagen vergeht* HUSTEN *wieder, wenn er nicht durch eine Infektion ausgelöst wurde. Etwa 7 Tage bleibt er bei einem akuten Infekt.*[41]

- *Etwa 20 Prozent aller Babys* SCHREIEN *in den ersten 3 Monaten viel und unerklärlich. Das geht in der Regel vorbei.*[42]

- *Manchmal sind aller schlechten Dinge drei: Laut der sogenannten* „DREIERREGEL" *des Amerikaners Morris Wessel ist ein Baby ein Schreikind, wenn es mehr als 3 Stunden am Tag schreit und das mehr als 3 Tage wöchentlich und länger als 3 Wochen.*[43]

---

37 http://www.windeln.de/magazin/kleinkind/kinderkrankheiten/erkaeltung-bei-babys-kindern-die-besten-tipps.html
38 http://www.windeln.de/magazin/kleinkind/kinderkrankheiten/erkaeltung-bei-babys-kindern-die-besten-tipps.html
39 https://www.kindergesundheit-info.de/themen/krankes-kind/krankheitszeichen/fieber/
40 http://www.windeln.de/magazin/kleinkind/kinderkrankheiten/erkaeltung-bei-babys-kindern-die-besten-tipps.html
41 http://www.t-online.de/eltern/gesundheit/id_63953946/husten-es-gibt-sieben-arten-von-husten-bei-kindern.html
42 http://www.sueddeutsche.de/gesundheit/schreibaby-die-schlimmste-zeit-im-leben-der-eltern-1.1585933
43 http://www.sueddeutsche.de/gesundheit/schreibaby-die-schlimmste-zeit-im-leben-der-eltern-1.1585933

#8 Happy Parents

Eben noch wart ihr Mann und Frau, die aus dem Dauerknutschen vielleicht raus waren, aber so glücklich miteinander lebten, dass sie ihre Liebe mit einem Kind krönen wollten. Es gibt Momente, da fühlt sich das auch wirklich sehr royal an. Wenn ihr beide in das glückliche Gesicht eures Babys schaut und dann einander anseht und wisst: Nur dieser eine Mensch auf der Welt fühlt genau wie ich und liebt dieses Wesen so sehr wie ich. Magic!

Es gibt aber auch die vielen Momente, in denen man denkt: Wie konnte man mit diesem Typen jemals eine Beziehung anfangen, wenn er es jetzt noch nicht mal schafft, das Baby richtig zu halten? Und wieso bewegt der sich so viel im Schlaf, damit weckt er doch schon wieder den Mitbewohner auf, der es sich im Bett direkt zwischen uns bequem gemacht hat?

Selbst wenn es gerade gut läuft: Wann habt ihr euch das letzte Mal geküsst? Also so richtig rumgeknutscht? Nicht mal dafür bleibt Zeit… Beziehung und Liebe sind Arbeit – vielleicht niemals als in der ersten Zeit mit Baby gilt dieser Satz. Und auch wenn man noch viel weniger Kraft für Arbeit hat in diesen Monaten, lohnt es sich unbedingt, hier zu investieren. Denn wenn Eltern zusammenhalten – auch dann, wenn sie gar nicht mehr in einer Beziehung sein sollten – schaffen sie so viel mehr als allein.

Melanie, 37
2 Kinder | Instagram: meinekleineliebe

BITTE LÄNGER BEI OMA BLEIBEN

So ein Baby verändert das Leben der Eltern als Partner nachhaltig und es ist eine große Kunst, sich nicht aus den Augen zu verlieren. Wir haben relativ früh damit begonnen, beide Omas mit in unser Leben mit Kindern zu integrieren und das mit Erfolg. Beide Kinder haben eine unglaublich enge Bindung zu ihnen. Bereits mit sechs Monaten haben sie bei ihnen übernachtet. So konnten mein Mann und ich immer wieder einen Abend gemeinsam verbringen und ohne schlechtes Gewissen Probleme und Ideen bequatschen, unter Leute gehen und die Zeit zu zweit genießen. Selbst ein gemeinsames Wochenende war so nie ein Problem. Im Gegenteil, für unsere Mütter war es ein Gewinn – und als unsere Kinder älter waren, haben sie sogar anrufen lassen und darum gebeten, noch eine Nacht zu verlängern.

Janine, 39
1 Kind | Instagram: new2berlin

DINNER ZU DRITT

Mein Mann und ich gehen leidenschaftlich gerne essen und wir hatten uns felsenfest vorgenommen, dies auch mit Baby weiterhin zu tun. Was ich dabei nicht berücksichtigt hatte war, dass mein Mann nach wie vor sein Essen mit zwei Händen genießen konnte, ich aber nicht. Denn leider haben wir keines dieser Babys, das gemütlich in seinem Kinderwagen schlummert, während seine Eltern es sich gut gehen lassen. Wenn man aber sein Umfeld mal ganz genau beobachtet, hat man sehr bald raus, wie viele Menschen sich ganz offensichtlich liebend gerne mit deinem Baby beschäftigen und dies auch einem gemütlichen Essen vorziehen würden – junge und verliebte, noch kinderlose Paare genau so wie die, deren Kinder schon vor Jahren das Haus verlassen, aber noch nicht für Enkelkinder gesorgt haben. Man kommt ins Gespräch – und schon sitzt das Baby auf dem Schoß der Nachbarin und das mit dem Essen ist kein Problem mehr! Übrigens habe ich so auch mein Babysitternetzwerk aufgebaut.

Stella, 24
1 Kind | YouTube: StellaBawü

ZU ZWEIT AUFTANKEN

Zeit zu zweit als frisch gebackene Eltern – babyleicht?! Ganz und gar nicht! Alle reden uns ein schlechtes Gewissen ein, wenn wir unsere Kinder abgeben – um zum Beispiel Sex zu haben, nennen wir die Dinge doch einfach mal beim Namen. Auch in meiner Brust schlagen da zwei Herzen: Als unser Sohn zum ersten Mal bei seinen Großeltern geschlafen hat, habe ich geweint, als sie ihn abgeholt haben. Noch heute – Niko ist jetzt 2,5 Jahre alt – fühle ich mich manchmal extrem egoistisch, weil ich Zeit zu zweit mit meinem Mann verbringen will. Gleichzeitig genießen wir beide diese Momente so sehr! Das ist wie Auftanken und tief Luft holen, um weitermachen zu können – ein bisschen wie Fliegen. Ich finde: Dieses Gefühl darf man sich von nichts und niemandem nehmen lassen.

Nicole, 30
1 Kind | Instagram: prettylittlelion_

WER IST DENN HIER DIE MAMA?

Im Traum hätte ich mir nicht vorstellen können, was ich nach Mattis' Geburt plötzlich fühlte: Ich war eifersüchtig auf meinen Mann! Er liebte Mattis von der ersten Sekunde an abgöttisch und nahm mir jede Arbeit ab, tat alles freiwillig und sagte mir immer wieder, ich hätte es verdient, mich auszuruhen. Eine Zeit lang genoss ich das, doch dann kam mir der Gedanke, dass ich als Mama für mein Kind sorgen möchte und hatte Angst, keine enge Beziehung zu ihm aufbauen zu können. Manchmal war ich sogar aus dem Nichts sauer auf meinen Mann und riss die Aufgaben geradezu an mich. Ich denke, ich musste mir selber bestätigen, dass immer noch ich die Mama bin. Zum Glück verschwand dieses Gefühl bald wieder und ich bin heute sehr froh, dass die beiden so ein gutes Verhältnis haben. Da haben mir wohl die Hormone einen Streich gespielt. Heute weiß ich: Solche Phasen gehen vorüber, man braucht nur Geduld und sollte mit dem Partner darüber sprechen.

Eva, 38
2 Kinder | Facebook: @EvaJohannaImhof

AUSGEHEN WILL GELERNT SEIN

Für mich war es eine große Überwindung, meine Zwillinge das erste Mal mit einer Babysitterin allein zu lassen. Aber kaum waren wir aus dem Haus, hatte ich nur einen Gedanken: Endlich mal wieder Zeit zu zweit und entspannt in ein Schnitzel beißen – ohne Baby-Gesabber, Gespucke und Gebrüll! Da waren unsere Kinder zwei Monate alt und Oma hat aufgepasst. Freunde von uns haben uns erzählt, dass sie sich beim ersten Mal alleine ausgehen nicht getraut haben, mit dem Auto wegzufahren: Sie hatten so viel Angst, dass die Babysitterin anruft und das

Baby schreit, dass sie einfach eine Stunde lang vor dem Haus im Auto sitzen geblieben sind. Das Vertrauen in fremde Personen muss man erst lernen – macht euch da keinen Stress. Bei uns ist es inzwischen so, dass unsere Mädchen ihre Babysitterin herbeisehnen und sogar fragen: »Wann kommt Clara wieder?«

Mary, 28
1 Kind | Instagram: marymitherz

ALLES GLEICHT SICH AUS

»Aber du konntest gestern ausschlafen, ich war heute schon wieder um fünf Uhr wach...«: Mein Freund und ich haben uns eine Zeit lang immer vorgerechnet, wie viel jeder von uns geleistet hat. Und waren voll genervt, weil natürlich jeder dachte, er kommt zu kurz. Nach einem Riesenstreit haben wir vereinbart, dass wir damit aufhören. Der eine wickelt mal mehr, dafür hat der andere vielleicht öfter gekocht. Das gleicht sich schon aus. Und wenn nicht: An einen Tisch setzen und reden!

Natascha, 38
2 Kinder | Instagram: natascharomano

AUSFLUG ALS DATE

Wenn man kleine Kinder hat, kommt die Beziehung oft zu kurz. Das war bei uns auch so. Wir vermissten romantische Abendspaziergänge, lange Gespräche oder sich einfach nur den Wind um die Nase wehen zu lassen. Eines Abends probierten wir etwas Neues aus: Wir unternahmen noch einen kleinen Fahrradausflug mit unserer Tochter! Wir haben Kirsten schlafklar gemacht – sie gewaschen, ihr den Schlafanzug angezogen – und den Fahrradanhänger mit Decke, Kopfkissen und

Kuscheltieren hergerichtet. Ab ging die Post. Kirsten ist entspannt eingeschlafen, während sie in den Himmel geschaut hat. Dann haben wir angehalten und ein Glas Wein geteilt, einfach nur Händchen gehalten, geredet oder geknutscht. Viel besser als nur auf dem Sofa zu liegen und Fernsehen zu schauen.

Yavi, 30
1 Kind | Instagram: yavi_moves

GUT FÜR ELTERN UND KIND: REGELMÄSSIG BABYFREI

Uns war es von Anfang an sehr wichtig, Lias auch mal abzugeben – um auch wieder Ehepaar und nicht nur Eltern zu sein und, um Lias direkt Offenheit gegenüber anderen Menschen und der Welt mit in die Wiege zu legen. So blieb er mit drei Monaten schon mal ein bis zwei Stunden bei unseren Eltern, einer Babysitterin oder in der Kinderbetreuung des Fitnessstudios. Heute wissen wir sicher: Es war die richtige Entscheidung. Lias hat nie gefremdelt, hatte in der Kita-Eingewöhnung keinerlei Trennungsangst und er geht auf alle Menschen fröhlich und neugierig zu. Und wir? Sind weiterhin glücklich verheiratet.

Jasmin, 27
bald 2 Kinder | Blog: familienimmerland.de

LET'S TALK ABOUT FAMILY

Bereits in der Schwangerschaft haben mein Partner und ich viele Gespräche darüber geführt, wie wir uns die erste gemeinsame Zeit zu dritt vorstellen und unsere Wünsche und Vorstellungen diskutiert. Solche Gespräche führen wir regelmäßig und sie sind so wichtig! Sie schaffen Klarheit für Momente, in denen man vielleicht zu kaputt und müde ist, um produktiv zu diskutieren, ohne den anderen zu verletzen.

Mimi, 31
1 Kind | Instagram: Mimi_und_Mini

PRE-MAMA-WELLNESS

Honeymoon mit Babybauch – sehr empfehlenswert. Nicht nur um tolle Walross-Bikini-Shootings zu veranstalten, sondern um (noch einmal) ganz bewusst die traute Zweisamkeit mit dem Partner genießen zu können. Als beste Reisezeit eignet sich das zweite Trimester, also kurz nach »OMG, wir sind schwanger!« und »Holy shit, bald geht's ja los!«. Es gibt inzwischen sogar spezielle Babymoon-Hotels und Angebote, die beziehen sich maßgeblich auf Wellness-Specials. Klar, es braucht nicht unbedingt ein umfassendes Wellnesspaket um sich auf eine Geburt vorzubereiten, aber ein wenig Entspannung kann auch nicht schaden. Uns hat es damals für eine Woche an die Nordsee verschlagen. Wir sind viel spazieren gegangen, haben lecker gegessen und…, ähm, naja – und so weiter…

Janine, 39
1 Kind | Instagram: new2berlin

NOT MACHT ERFINDERISCH

Sobald unser Baby da war, stand Zweisamkeit mit meinem Mann erst einmal nicht an allererster Stelle. Abgesehen davon, dass es meist auch nachts noch genau zwischen uns lag. Aber inzwischen sind Baby und der ehemals wichtigste Mensch in meinem Leben – mein Ehemann – wieder auf einer Stufe angekommen und das Bedürfnis nach Nähe zu ihm hat sich normalisiert. Ich will jetzt nicht ins Detail gehen, aber Not macht erfinderisch. Als Eltern gilt es, die Sexualität für sich neu zu entdecken und wenn man sich darauf einlässt, dann macht das auch richtig Spaß.

Gesine, 33
2 Kinder | Instagram: mummy_birdie

DIE LIEBE DARF SICH NICHT ÄNDERN

Machen wir uns nichts vor: Ein Baby verändert dein Leben. Es macht es reicher an Facetten und Gefühlen, an Sorgen und Ängsten. Es verändert deine Beziehung. Vom Paar zu Eltern. Eins sollte es aber nicht ändern: Die Liebe zu deinem Partner. Mein Mann und ich achten darauf, dass wir uns regelmäßig gegenseitig loben. Für alles, was wir beide zum Funktionieren dieser Familie beitragen. Da wir es nicht schaffen, einmal die Woche »babyfrei« zu haben, versuchen wir daheim unsere Auszeiten zu finden. Reden bei einem Glas Wein oder einer Tasse Tee in Ruhe miteinander, schauen die gemeinsame Lieblingsserie oder gehen kurz in die Sauna – Hauptsache es ist mit Babyphon machbar und nur wir zwei tun es.

Monja, 21
1 Kind | Instagram: monjacarina

VERSTÄNDNIS, GEDULD UND LIEBE

Ein Kind ist wohl eine der größten Zerreißproben für eine Beziehung – Meinungsverschiedenheiten, Kompromisse und doch so viel Liebe. Die ersten Monate haben wir beide zu Hause mit dem Kleinen verbracht und natürlich war auch diese Zeit nicht immer ausschließlich Sahnetorte mit bunten Streuseln. Unter meiner Wochenbettdepression litt vor allem Andrés, der Tag und Nacht mit meinen Launen umgehen musste. Gemeistert haben wir die Zeit trotz allem super. Geholfen haben uns ständige Kommunikation, das Aussprechen von Problemen und Sorgen. Viel Verständnis, Geduld und Liebe sind Gold wert und definitiv die Grundlage der ersten Zeit zu dritt.

Stefanie, 27
1 Kind | Instagram: mamiundich

WIE BEIM ERSTEN MAL

Ich hatte viel darüber gelesen wie er sein würde: der erste Sex nach der Geburt. Ich fand den Gedanken befremdlich. Denn Wochen zuvor hatte mein Partner gesehen, wie ich unser Baby aus mir presste und damit leider auch ganz andere eklige Sachen. Auch wenn er nur Spaß machte: seine Worte, dass er den Geruch niemals vergessen werde, werde ich leider nie vergessen können. Doch all das war ihm egal, er wollte mich, mehr denn je. Ich sprach ganz offen mit ihm, dass ich das erste Mal wohl mehr als ein »Augen zu und durch« empfand. Und so taten wir es, ganz vorsichtig. Es war nicht gut und auch nicht schlecht, komisch eben. Doch es war getan. Und es wurde besser und besser. Genauso wie nach dem ersten Mal.

Steffi, 31
2 Kinder | Instagram: prettypregnant

KEINE FALSCHEN ERWARTUNGEN

Kurz vor dem Entbindungstermin sagte eine Freundin zu mir: »Wenn das Baby da ist, wird das auch für eure Beziehung eine ganz schöne Probe…« Ich hatte darüber vorher noch nie nachgedacht – für mich waren Schwangerschaft und Geburt unseres ersten gemeinsamen Kindes etwas, das uns noch enger zusammenschweißen würde. Aber wenn mein Mann von der Arbeit nach Hause kam, war für mich – nach einem anstrengenden Tag mit dem Baby – klar, dass er mir das Kind jetzt sofort abnehmen muss, damit ich zur Ruhe kommen kann. Dass aber auch er einen anstrengenden Tag in seinem Beruf hinter sich hatte und nicht als Erstes ein schreiendes Baby in den Arm gedrückt bekommen wollte, war mir in solchen Momenten nicht klar. Eine falsche

Erwartungshaltung wie diese und damit das Gefühl, dass der Partner die Arbeit, die man den ganzen Tag macht – egal ob im Büro oder zu Hause mit dem Baby – nicht wertschätzt, kann tatsächlich zu Stress und Unwohlsein in der Beziehung führen. Um aus dieser Misere herauszukommen, hilft nur ein offenes Gespräch. Eines bei dem jeder dem anderen seine Wünsche und Bedürfnisse erläutert, damit falsche Erwartungen gar nicht erst entstehen.

Paloma, 23
1 Kind | Instagram: momcrusheveryday

LIEBES-SMS

Während meiner Schwangerschaft war ich sehr in Sorge, dass wir mit Baby unsere Beziehung stark vernachlässigen würden. In der ersten Wochen nach der Geburt leidet man dann ja auch so sehr an Schlafmangel, dass man überhaupt nicht an Romantik denkt. Geschweige denn sich hübsch machen möchte. Man nutzt freie Minuten lieber für ein Nickerchen. Wir haben uns aber schon am Anfang den Tag über ab und zu liebevolle SMS geschrieben und zu Hause hat eine Umarmung zwischendurch gutgetan. Wir haben uns so einfach gezeigt, dass wir aneinander gedacht haben. Im Kino waren wir seit der Geburt unserer Kleinen nicht mehr. Aber das ist nicht schlimm: Seit sie einen festen Schlafrhythmus hat, schauen wir gemeinsam eine Serie und tauschen uns darüber aus.

Tina, 25
2 Kinder | Instagram: mamilein

SEX STATT WÄSCHE ZUSAMMENLEGEN

Habt ihr auch manchmal das Gefühl, eure Männer verstehen nur »RAMELANG DING DONG. RAMELANG DING DING DONG«? Gebt ihnen Zeit. Die Natur hat euch ab der ersten Sekunde gezeigt, wo es lang geht als Mama. Unsere Männer brauchen ein bisschen länger, um sich in ihre neue Rolle als Papa hineinzufinden. Also streitet nicht so viel und entscheidet euch am Ende des Tages mal für Sex anstatt für Wäsche zusammenlegen. Das wird euch beiden guttun.

Doris
3 Kinder | Blog: mrsflury.com | Instagram: mrsflury
YouTube: Mrs Flury

DATE MIT DEM MANN – ZUM MITTAGESSEN

Ich liebe es, mit meinem Mann essen zu gehen, was natürlich mit kleinem Baby nicht immer einfach war. Sobald sich jedoch ein halbwegs regelmäßiger Mittagsschlaf eingependelt hatte, habe ich mich einfach mit schlafendem Baby ins Restaurant gewagt und meinen Mann dort zur Mittagspause getroffen. Ein Lunch-Date, für das man keinen Babysitter braucht! Jetzt arbeite ich wieder halbtags, aber dieses Ritual haben wir beibehalten: Die Kinder sind in der Kita gut versorgt und wir nutzen währenddessen unsere Mittagspause für ein feines Essen, genießen die gemeinsame Zeit und können in Ruhe reden – eine echte Wohltat.

Isabell, 24
1 Kind | Blog: fuehlmitmir.blogspot.de

DATE NIGHT BIS EINUNDZWANZIG UHR

Mittlerweile sind wir bald anderthalb Jahre Eltern und es fühlt sich super an. Viele machen einem ja Angst, dass man nach der Geburt kaum noch Zeit für sich als Paar hätte, aber wir bekommen das ganz gut hin. Ein Pflichttermin für uns ist eine Date Night einmal im Monat. Da bringen wir Mia zu den Großeltern und gehen nur zu zweit essen, ins Kino oder bestellen Pizza, legen uns ins Bett und schauen Filme oder gucken alte Bilder von Mia an. Oft legen wir uns auch einfach um einundzwanzig Uhr schon schlafen, weil die Nächte auch jetzt noch manchmal anstrengend sind. Aber so sind wir wieder entspannt und es gibt weniger Platz für Streit. Wann immer es geht, gönnt euch solche kleinen Pausen zu zweit.

Jaana, 24
1 Kind| Instagram: jaanagoeslightly

AB ZU OMA UND OPA

Meine Kleine war schon sehr früh über Nacht bei ihren Großeltern. Die ganze Schwangerschaft über hatte ich schon überlegt, wann ich sie wohl das erste Mal abgeben und vor allem, wann ich das überhaupt schaffen würde. Der Zeitpunkt kam dann recht früh und spontan, zwei Monate war sie alt. Ich war sehr nervös, obwohl ich genau wusste, dass es ihr bei meinen Eltern an nichts fehlen würde. Vertrauen ist da das Wichtigste. Deshalb ist es am besten, wenn man sie zuerst an die Person abgibt, der man am meisten vertraut. Das Wiedersehen nach dieser ersten Nacht, die wir getrennt voneinander verbracht haben, war umso schöner. Das zweite Mal ging sie zu den Eltern meines Mannes. Natürlich war ich da noch nervöser. Auch wenn ich ihnen ebenfalls vertraute, war es irgendwie nicht dasselbe. Aber auch dort lief es mehr als perfekt. Seitdem versuchen wir, unsere Maus abwechselnd zu beiden Großelternpaaren zu geben – einmal hier, dann wieder dort. Wir machen das etwa einmal im Monat und so haben wir beide einen Abend frei und können ausgehen. Wenn ich bei anderen Eltern sehe, dass sie ihr Kind oder Baby noch nie abgegeben haben, bin ich ehrlich gesagt froh, dass wir so früh damit begonnen haben. Ich glaube: Je länger man wartet, desto schwieriger wird es. Beim zweiten Baby würde ich es wieder genauso machen.

Jaana, 24
1 Kind| Instagram: jaanagoeslightly

ZWEISAMKEIT BEI GEMEIN-SAMEM SCHLAFZIMMER

Da wir in einer Zwei-Zimmer-Wohnung wohnen ist es klar, dass wir uns ein Schlafzimmer mit unserem Kind teilen. Anfangs war das mehr als praktisch. Ich war sofort bei ihr, wenn sie aufwachte und bekam einfach alles mit. Und wir haben das Geld für ein Babyphon gespart.
Irgendwann wurde der Babyschlaf aber leichter und man konnte nicht mehr einfach das Licht anmachen oder sich unterhalten, wenn man ins Bett geht. Also war unsere Zweisamkeit irgendwann nur noch auf das Sofa reduziert. Wenn es hieß »Wir gehen jetzt ins Bett«, war ab diesem Moment Licht verboten und es galt Schweigepflicht. Ich glaube, ich hätte es anders machen und sie nicht daran gewöhnen sollen, dass sie in kompletter Dunkelheit schläft. Oder in einer ganz stillen Umgebung. Dann hätte sie vielleicht auch noch später im Kinderwagen geschlafen – oder auf dem Sofa, oder im Auto. Das tut sie, seit sie sieben Monate alt ist, nämlich nur noch in ihrem Bett und wenn es ganz dunkel ist.
Ich empfehle euch deshalb sehr, die Kleinen daran zu gewöhnen, auch bei Helligkeit schlafen zu können – sei es nur im Schein eines Nachtlichts. Und macht einfach normal weiter mit dem Haushalt: Lasst die Pfannen klappern und lauft nicht auf Zehenspitzen durch die Räume! Bald ziehen wir in eine größere Wohnung und ich freue mich ungemein darauf, wieder ein eigenes Schlafzimmer mit meinem Mann zu haben.

Doris
3 Kinder | Blog: mrsflury.com | Instagram: mrsflury
YouTube: Mrs Flury

GETRENNT SCHLÄFT ES SICH GUT

Wenig Schlaf raubt Eltern sehr viel Energie, aber ich finde: Getrenntes Leid ist halbes Leid. Mein Mann muss jeden Tag frühmorgens raus zur Arbeit und dort möglichst fit erscheinen. Deshalb hat er unter der Woche gelegentlich im Gästebett geschlafen. Nicht, dass ich mich dann morgens besser gefühlt hätte, aber im Gegensatz zu meinem Mann konnte ich nach einer schlechten Nacht doch den Morgen noch gemütlich zu Hause verbringen und mit viel Kaffee wach werden. Der Ausgleich kam dann am Wochenende: Da hat der Papa übernommen, sich nachts um unser Baby gekümmert – und ich durfte ausschlafen.

Wissens-wertes

- *Nach 6 Jahren werden Ehen durchschnittlich am häufigsten geschieden.*[44]

- *Die meisten Paare haben 3 bis 6 Monate nach der Geburt zum ersten Mal wieder* SEX.[45]

- *Eine Frau produziert in ihrem Leben rund 400 Eizellen. Der Mann bringt es auf 400* MILLIARDEN *Spermien.*[46]

- *Deutsche haben im Leben durchschnittlich* 7875 *mal Sex – dabei ist Selbstbefriedigung mitgezählt.*[47]

- *Eltern bekommen durchschnittlich* 3,3 *Jahre nach dem ersten Kind ihr zweites.*[48]

- *Jeder von uns küsst rund 100.000 Mal im Leben – das ergibt 14 Tage durchgängiges* KNUTSCHEN. *Ein Kuss dauert durchschnittlich 12 Sekunden – 6,5 Sekunden länger als in den 1980er-Jahren.*[49]

---

44 Statistisches Bundesamt
45 http://www.familie.de/eltern/wie-ist-der-sex-nach-der-geburt-536009.html
46 http://www.jetzt.de/usertext/336000/Zahlen-ueber-Zahlen-Statistiken-des-Lebens
47 http://www.jetzt.de/usertext/336000/Zahlen-ueber-Zahlen-Statistiken-des-Lebens
48 http://www.t-online.de/eltern/kleinkind/id_73122548/geschwister-was-ist-der-ideale-altersabstand-.html
49 http://www.jetzt.de/usertext/336000/Zahlen-ueber-Zahlen-Statistiken-des-Lebens

#9
Mit Baby unterwegs

Früher war Reisen so einfach: Ein paar Klamotten einpacken und einfach losfahren. Mit Baby fühlt man sich nun plötzlich, als ob man seinen ganzen Hausstand mit in die Ferien nimmt. An so viele Sachen muss man denken, vom Buggy bis zum Reisebett. Und es ist nicht garantiert, dass der Nachwuchs sich auch so sehr nach der großen Freiheit sehnt: Babys sind nämlich eher kleine Spießer, ganz nach dem Motto »Trautes Heim, Glück allein«. Und auch wenn es nicht die große Reise ist: Selbst ein einfacher Spaziergang kann sich mit Säugling wie eine Weltreise anfühlen.

Aber das muss nicht sein: Mit ein paar einfachen Kniffen wird Reisen und Unterwegssein auch mit Baby wunderschön. Und was kann auch besser sein, als dem kleinen Erdenbürger gleich ein bisschen was von dieser Welt zu zeigen? Oder einfach nette Menschen zu besuchen, ob nun Familie oder (neue) Freunde. Zu Hause rauszukommen, tut vor allem auch uns Eltern gut. Man sieht etwas Neues, man erlebt etwas Neues und zieht daraus wieder frische Kraft für den weiteren Alltag.

Worauf es ankommt, ist eine gute Vorbereitung. Wer richtig plant, erspart sich unterwegs eine Menge Stress und kann den frischen Wind genießen, der einem in der Fremde um die Nase weht. Stichwort: frischer Wind – immer genug Windeln mitzunehmen, das ist wirklich ein sehr hilfreicher Tipp!

Sonja, 31
1 Kind | YouTube: oneloveliva

BLOSS NICHT ÄNGSTLICH SEIN BEIM URLAUB BUCHEN!

»Mit Baby kann man doch nicht so weit weg in den Urlaub!« Das hört man am Anfang öfter, gerade von der älteren Generation. Ich kann nur sagen: Seid mutig! Wir waren zum ersten Mal in Holland in einem Ferienhaus im Urlaub, da war unsere Tochter gerade mal ein paar Monate alt. Kurze Zeit danach sind wir mit dem Auto über Österreich und durch Slowenien nach Kroatien ans Meer gefahren. Nach anderthalb Wochen setzten wir mit der Fähre über nach Italien und besuchten dort noch eine riesige italienische Hochzeit. Kurz vor dem ersten Geburtstag unserer Kleinen ging es erneut los zu einem Städtetrip nach Paris. Ein Problem gab es nie! Was hilft: Gute Planung, viele Pausen machen und Zwischenstopps einplanen, gegebenenfalls mit Übernachtungsmöglichkeiten. Und vor allem: locker bleiben und einfach machen! Es ist herrlich, dem eigenen Kind das Meer oder den Eiffelturm zu zeigen und auch selbst mal wieder richtig rauszukommen, Abstand zum Alltag zu bekommen. Auch Mamas oder Papas in Elternzeit sind urlaubsreif – ein Tapetenwechsel ist manchmal die Rettung!

Francesca, 27
1 Kind | Instagram: MammadellaPrincipessa

PROBIERT ES EINFACH AUS!

In den ersten Monaten mit meinem Baby wurde ich von einem Wort regelrecht verfolgt: »Reizüberflutung«! In jedem Forum, in jeder Broschüre, in jedem Gespräch: Fast überall wurde ich vor einem möglichen »Zuviel« für meine Kleine gewarnt. Ich fing schon an, mir einzureden, dass jeder Schritt hinaus in die Welt eine Reizüberflutung für sie bedeuten könnte. Doch irgendwann ließ ich es einfach sein, darauf zu achten. Ich machte genau die Sachen, die ich gemacht hatte, bevor ich ein Kind bekommen habe: Ich ging in alle Geschäfte und Cafés. Mit Musik, ohne Musik. Und meiner Tochter ging es super: Mia liebte es, die Beleuchtung in der Stadt zu sehen, und ich hatte überhaupt nicht das Gefühl, dass sie deshalb schlechter schlief oder durcheinander war. Wir beide hatten Spaß dabei.

Sara, 20
1 Kind | Instagram: _s_a_rr_a

CHECKLISTE FÜR DIE WICKELTASCHE

Wenn man mit dem Baby unterwegs ist, packt man anfangs meist viel zu viel ein. Damit ich nichts vergesse, habe ich sogar Listen geschrieben und bin sie immer durchgegangen, bevor ich das Haus verlassen habe. Meine Wickeltasche platzte aus allen Nähten, aber ich muss sagen, ich hatte immer alles dabei, was wir brauchten. Für mich sind die absoluten Must-haves: Windeln, Feuchttücher, Gläschen und Fläschchen. Im Winter kommen dazu: Kappe, Schal, Kältecreme und eine zweite Decke. Im Sommer brauchen wir immer Sonnencreme und Sonnenhut. Mit der Zeit wurde ich nachlässiger, aber natürlich hat Luca dann, als ich die Tasche mal ganz zu Hause gelassen habe, bei einem kurzen Ausflug zum Supermarkt an der Kasse den Schiss seines Lebens in die Windel gelassen. Also ging ich wieder zu meiner Checkliste zurück und habe seitdem immer Reservewindeln im Auto. Und sogar die Omas haben sich jetzt auch schon für alle Notfälle gerüstet. Wenn man doch mal was vergisst, hat man wenigstens was Lustiges zu erzählen.

Denise, 34
2 Kinder | Instagram: Zuckerzimtzauber

MÜTZE AUF! AUCH IM SOMMER?

Dreißig Grad im Schatten, Freibadwetter, der Schweiß läuft. Was zieht man einem Säugling an, wenn man bei diesem Wetter spazieren gehen will? Die älteren Damen im Dorf wissen es genau: Kinder gehören immer zugedeckt und eine Mütze musst du auch aufziehen. Denn wenn die Kleinen sich erkälten, kann das lebensbedrohlich werden. Da musst du gut aufpassen. Mütze? Mir läuft der Schweiß. Wie kann dann dem Kind eine Mütze guttun? Ich entscheide mich gegen die Mütze und gegen die Decke. Es wird ein Strampler ohne Fuß und ein leichtes Baumwolltuch zum Zudecken. Bei der nächsten U-Untersuchung bekomme ich die Bestätigung. Alles richtig gemacht, heißt es in der Praxis. Als Mama sollte man sich anschauen, was man selbst trägt, und das Baby nur ein bisschen wärmer kleiden. Kinder können nämlich nicht nur erfrieren, sondern auch überhitzen.

Alessia, 26
2 Kinder | YouTube: KunterBunter

WICKELTASCHE GLEICH WIEDER PACKEN

Mit dem Baby von zu Hause losgehen, ist immer ein größeres Projekt: Anziehen, Tasche packen, Kind in die Babyschale, nichts vergessen. Damit alles entspannter abläuft, bereite ich die Wickeltasche jetzt schon jedes Mal neu vor, wenn ich nach Hause komme – so ist sie immer startklar für den nächsten Ausgang. Außerdem warte ich auch morgens nicht mehr mit dem Anziehen, sondern erledige es direkt nach dem Aufwachen: Da sind alle am besten gelaunt!

Nastasja, 28
2 Kinder | Instagram: modezarin

JE FRÜHER, DESTO BESSER

Als meine Tochter sechs Monate alt war, flogen wir mit ihr für zwei Wochen nach Kreta. »Urlaub mit so einem kleinen Baby, ist das nicht furchtbar anstrengend?«, wurden wir gefragt. Allen Unkenrufen zum Trotz wagten wir das Abenteuer und erlebten den entspanntesten Urlaub mit Kind, den wir je hatten. Unsere Kleine war damals noch nicht mobil und lag immer lieb neben uns auf einer Decke. Muttermilch trinken, gewickelt werden, schlafen, rumgetragen werden und mit Mama und Papa kommunizieren – mehr brauchte sie zu dem Zeitpunkt nicht, um glücklich zu sein. Uns ermöglichte das, unser Baby ganz unkompliziert überall in der Tragehilfe mit hinzunehmen. Egal ob es auf eine Wanderung, in die Stadt oder an den Strand ging. Damit waren wir trotz Baby sehr ungebunden.

Tuba, 29
2 Kinder | Blog: www.tubaerguen.de | Instagram: tubaerguen

TRINKEN GEGEN OHRENDRUCK

Die erste Flugreise mit Baby ist besonders spannend und aufregend. Mein Baby war fünf Monate alt, als wir das erste Mal in die Türkei gereist sind. Im Flieger habe ich sie beim Abflug gefüttert, denn durch das Schlucken hatte sie weniger Druck in den Ohren. Und auch beim Landen habe ich dafür gesorgt, dass sie trinkt – das hat super funktioniert!

Jana, 22
2 Kinder | Instagram: unsere.bunte.welt

SING LAUTER, MAMA, SING LAUTER!

Mein Baby hat Autofahren gehasst: Schon beim Einsteigen in die Familienkutsche war das Geschrei groß und es wurde während der Fahrt immer lauter und lauter. Am Anfang haben wir ständig angehalten, um den Schnuller wieder in den Mund zu schieben, den Kleinen noch einmal aus dem Sitz zu nehmen und zu füttern oder was man in der Not nicht alles ausprobiert, damit der süße Minimensch endlich zur Ruhe finden kann. Dann lief eines Tages im Radio der Song *Impossible* von James Arthur und da ich diesen Song sehr liebe, habe ich die Lautstärke hochgedreht und aus tiefstem Herzen mitgeschmettert. Während ich immer lauter wurde, wurde sein Schreien plötzlich immer leiser. Wir waren beide glücklich. Mein Sohn ist nun drei Jahre alt und wehe, ich mache die CD im Auto nicht laut genug an – dann wird sofort wieder protestiert!

Mimi, 31
1 Kind | Instagram: Mimi_und_Mini

WIR FAHREN ZUG

Bereits der Weg zum Bahnhof stellt für viele Moms eine Herausforderung dar – Zeitdruck, Kinderwagen maßlos überfüllt, das Baby schreit. Glücklicherweise sind viele Züge mit Kinderwagenabteilen ausgestattet. Leider meinten kürzlich einige Punks samt Bierkästen, das ganze Abteil für sich beanspruchen zu dürfen. Nachdem ich nett um einen Platz bat, jedoch nur herablassende Blicke kassierte, wurde ich ziemlich laut. Mit Beschimpfungen und eventuell auch klitzekleinen Drohungen. Mir war gar nicht bewusst, dass sich da so viel angestaut hatte. Aber nichts half! Am Ende ging alles ganz schnell: Ich zog meinem

Sohn einfach den Schnuller aus dem Mund, er fing an zu brüllen und ich lächelte die Punks lediglich herablassend an. Ha! Und siehe da, keine Minute später waren sie verschwunden.

Steffi, 31
2 Kinder | Instagram: prettypregnant

FLIEGEN LEICHT GEMACHT

Für uns war immer klar: Auch mit Kind werden wir unser bisheriges Leben so gut wie möglich fortführen, sprich mehrmals im Jahr in den Urlaub fahren oder fliegen. Bereits als Maxi sieben Monate alt war, verbrachten wir unseren ersten Urlaub auf Fuerteventura – dicht gefolgt von einem Wochenende in Berlin und einem Trip nach Warnemünde. Mit zehn Monaten absolvierte er seinen ersten Langstreckenflug – elf Stunden, für die wir mit einem wundervollen dreiwöchigen Urlaub in den USA belohnt wurden. Und so geht es seither weiter, wir waren in Italien, auf Mallorca und auf Jamaika, alles mit einem super glücklichen Kleinkind, das jede Reise genießt und alle Eindrücke gierig in sich aufsaugt. Der Tipp, der geholfen hat, dass Maxi noch nie im Flugzeug weinen musste: »Gib deinem Kind bei Start und Landung etwas zu trinken!« Anfangs habe ich jeweils gestillt, mittlerweile bekommt er sein Fläschchen. Durch das Saugen wird vermieden, dass die Kleinen Druck auf die Ohren bekommen. Wenn außerdem für genug Animation gesorgt ist (Bücher, Lego, Puzzle, iPhone-Spiele) steht einem stressfreien Flug mit Baby oder Kleinkind nichts im Weg.

Annika, 28
1 Kind | Blog: theshadegirl.com

MEHR IST MEHR

Unser erster Urlaub mit Baby: Mir dämmerte früh, dass es eine neue Herausforderung werden würde, für Matti zu packen. Die obligatorische Packliste war seit Wochen geschrieben, als mir klar wurde: Der ganze Babykram passt in keine Reisetasche dieser Welt! Eine große Alternative musste her, eine sehr große. Kennt ihr diese Stoffboxen, die man unters Bett schieben kann? Die habe ich zweckentfremdet und fleißig befüllt: mit Babyklamotten, Breigläschen, Spucktüchern, Krabbeldecke, Feuchttüchern, Windeln und vielem mehr. Unser Auto war so voll wie eine Straßenbahn zur Rushhour. Es mussten ja auch noch Kinderwagen, Reisebett, Maxi-Cosi und Spielzeug hinein. Wir hätten auch direkt für immer auf eine Insel auswandern können, so viel hatten wir dabei. Aber es hat sich gelohnt: Es war ein wunderschöner Urlaub zu dritt und wir waren auf alles vorbereitet!

Antonella, 30
1 Kind | Blog: coccinellamia.wordpress.com

AUTOFAHREN WAR KEINE GUTE IDEE

1.800 Kilometer bis nach Süditalien. Im Hochsommer. Mit einem fünf Monate alten Baby, das nicht gerne Auto fährt. Wie doof kann man sein? Ja, das haben wir uns spätestens nach dreihundert Kilometern auch gefragt. Es war der Horror! Auch wenn wir die Strecke aufgeteilt haben und zwei Stationen mit Übernachtungen hatten. Nächstes Jahr geht es auf alle Fälle wieder nach Italien, aber ich glaube, wir fliegen besser.

Chantal, 25
1 Kind | Instagram: a.instamommy

ALLES SCHNELL GREIFBAR

Ich habe einen Schuhorganizer an der Rückseite des Vordersitzes im Auto festgemacht: So eine Aufbewahrung mit vielen Taschen. Darin ist genug Platz für Feuchttücher, Windeln, Spielzeug und Snacks – das alles liegt dann nicht mehr lose herum und ist schnell greifbar.

Denise, 34
2 Kinder | Instagram: Zuckerzimtzauber

NEHMT ALLES MIT!

Sonniger Tag am Flugplatz mit toller Unterhaltungsshow. Viele Menschen sind da. Das Kind, vier Monate alt, wird unruhig. Also nimmt Papa es auf den Arm. Das Kind trägt einen kurzen Body mit Overall. Es ist ja warm. Plötzlich bleibt mein Mann wie angewurzelt stehen. Er schaut mich an wie das Reh im Scheinwerferlicht, wird ganz bleich. Ich sehe, wie ihm eine braune Soße an beiden Armen herunterläuft. Um Gottes Willen, das Kind läuft aus! Die Windel hält das riesige Geschäft nicht ansatzweise im Zaum. Wir flüchten an einen abgelegenen Ort, die mitleidigen Blicke der anderen Besucher begleiten meinen Mann. Und dann merken wir, was alles fehlt und was man unbedingt dabeihaben sollte: Müllbeutel, reichlich Feuchttücher, Wickelunterlage, Wechselkleidung für alle Familienmitglieder, Sagrotan für die Hände, Wasserflasche und Seife zum Waschen. Wenn ich meinen Mann heute frage, sagt er noch: »Einen Kärcher!« Nach diesem Erlebnis hatten wir immer ein großes Notfallpaket im Auto dabei – mit allen genannten Zutaten, nur ohne Kärcher.

Sophia, 28
1 Kind | Instagram: sophia_pauline

SCHNULLER-SAFETY FIRST!

Mein Sohn und ich waren von Anfang an viel mit dem Auto unterwegs und ich will gar nicht wissen, wie oft ich mich in dieser Zeit im Wagen komplett verrenkt und blind im Fußraum herumgetastet habe, um den Schnuller zu suchen, den er fröhlich aus der Babyschale warf – und natürlich kurz darauf lautstark wieder einforderte. Eine Schnullerkette wollte ich nicht benutzen, aus Sorge, dass er sie sich zu eng um den Hals legen könnte. Ein Teufelskreis. Bis mir die folgende, in meinen Augen, brillante Idee kam: Ich habe das Ding einfach an einem Seidenband am Griff über der Wagentür festgebunden. So baumelte er immer in der Nähe des Mundes, aber das Band war so kurz, dass es nicht gefährlich werden konnte. Seitdem baumelt in meinem Auto anstatt des Duftbäumchens am Rückspiegel ein Schnuller über der Seitentür.

Mira, 31
1 Kind | Instagram: liebsteweltmitdir

AUTO FAHREN MIT LICHTERKETTE

Egal ob wir in den Urlaub fahren oder nur ein paar Orte weiter, um einzukaufen: Ich lasse Levi im Auto möglichst niemals weinen. Sitzt er hinten allein und weint, halten wir immer an und ich setze mich zu ihm. Hat er Hunger oder Durst, wird das sofort erledigt. Zum Stillen unterwegs hatte ich immer ein großes Mulltuch und ein kleines Kissen im Auto dabei. Damit konnte ich bequem sitzen und mein Kleiner hatte es warm und gemütlich. Für ruhige Fahrten in den Abendstunden hat sich bei uns eine Lichterkette gut bewährt: Wir haben eine mit Sternen in sanftem Licht gekauft und so um die Kopfstütze herumgelegt, dass Levi sie sehen konnte. Das hat ihn immer gut beschäftigt.

Susanna, 37
1 Kind | Blog: afamilyaffair

MIT TUCH SIEHT NIEMAND WAS

Es gibt bei uns eine merkwürdige Doppelmoral: Einerseits gilt Muttermilch als das Gesündeste und Allerbeste, was man seinem Baby geben kann. Anderseits wollen viele keine stillenden Mütter in der Öffentlichkeit sehen. Wir Mütter sollten uns das nicht gefallen lassen. Und wir müssen uns ja auch gar nicht komplett entblößen. Ich habe meinen Sohn und meine Brust immer mit einem leichten (Seiden-) Tuch bedeckt. So konnten wir beispielsweise im Café am Tisch sitzen bleiben und das Stillen passierte ganz nebenbei. Später habe ich sogar entdeckt, dass es spezielle Stillschürzen gibt. Die kann man nach Anleitung selbst nähen oder bei DaWanda, Etsy und Co. bestellen. Da das Anlegen des Kindes und gleichzeitige Umlegen des Tuches oder der Schürze etwas Geschick verlangt, sollte man das nur besser vorher mal zu Hause üben!

Chantal, 25
1 Kind | Instagram: a.instamommy

POMPOMS IM MILCHPORTIONIERER

Ich bin schon früh mit meiner Tochter gereist, mit dem Auto und auch mit dem Flugzeug. Eine tolle Beschäftigung für jede Art von Reise sind selbst gemachte Spiele. Ich habe beispielsweise im Milchportionierer ein Fach mit Pompoms befüllt: Sie konnte sie dann in das andere, freie Fach einsortieren, was sie längere Zeit beschäftigt hat und auch ein gutes Training für die Feinmotorik ist. Genau wie eine Perlenwand, die man einfach selbst basteln kann: Eine Pappe an den Seiten einschneiden und daran Bänder mit Perlen befestigen!

Valerie, 26
1 Kind | Instagram: valerielovesheiko

WENIGER IST MEHR

Als wir den ersten Ausflug mit Amelie planten, war ich sehr aufgeregt. Es ging nicht um eine Tagesreise, sondern lediglich um einen Besuch bei der Familie, aber ich packte trotzdem eine riesige Tasche. Allein die Windeln darin hätten für eine Woche gereicht und es war sogar ein Fieberthermometer dabei! Heute haben wir den Dreh raus und ich packe wirklich nur wichtige Dinge ein: Windeln, Feuchttücher, ein Getränk und einen kleinen Snack. Die Tasche ist deutlich kleiner und es ist auch nicht schlimm, wenn Amelie sie wieder einmal in aller Öffentlichkeit auspackt.

Nadja, 23
1 Kind | Instagram: mamaschildi

GENÜGEND SCHNULLER – DAS SIND: TAUSENDE!

Eigentlich müsst ihr nur einen einzigen Tipp beachten: Macht alles anders als ich! Seid weniger chaotisch. Plant besser. Und lernt aus euren Fehlern. Zum Beispiel: Falls euer Baby Schnuller nimmt, dann packt immer genügend davon ein! Mit genügend meine ich Tausende. Denn sie verschwinden spurlos und das in Mengen. Packt einen in jede Hand- und Jackentasche, bunkert sie im Auto, im Kinderwagen und allem, womit man sonst noch unterwegs sein kann. Dann erspart ihr euch eine Menge Stress. Und allen anderen das Geschrei. Und euch damit wieder Stress. Glaubt mir, ihr wollt nicht wie ich mit dem Gedanken spielen müssen, wildfremde Eltern um Schnuller anzubetteln!

Fabia
4 Kinder | Website: manyminithings.com

MEIN TRAGLING

Den Kinderwagen, den ich kurz vor der Geburt unseres ersten Kindes gekauft habe, fand ich so toll, dass ich ihn schon leer während eines Hundespaziergangs vor meinem dicken Babybauch hergeschoben habe, nur um zu spüren, wie es sich bald anfühlen würde. Dann kam unser Sohn auf die Welt, und war von Anfang an extrem nähebedürftig. Den Kinderwagen hat er gehasst. Also habe ich angefangen, ihn zu tragen. Eigentlich immer. Zuerst im Tragetuch, später in der Ergobaby-Babytrage. Und wir haben es beide geliebt! Die Nähe, die wir durchs Tragen hatten, kann uns niemand mehr nehmen.

Nadja, 23
1 Kind | Instagram: mamaschildi

VERSTECKT EUCH NICHT!

Falls ihr stillen wollt: Fangt gar nicht erst damit an, euch auf Toiletten zu verstecken oder euch umständlich zu verhüllen und euch und euer Kind damit in eine unangenehme Situation zu bringen. Glaubt mir, ich habe alles schon hinter mir und ich bin mir sicher, ihr werdet es irgendwann aufgeben. Wenn ihr den Dreh erst einmal raushabt, könnt ihr überall stillen. Im Auto, laufend, auf einem Einhorn reitend. Okay, das vielleicht nicht, aber ich verspreche euch, stillen wird das einfachste und natürlichste überhaupt werden. Mein Tipp: Spezielle Still-Tops unterziehen und ein weitfallendes Oberteil darüber. Nichts verrutscht, alles bleibt verpackt und kein nerviges Gefummel! Und übrig gebliebene Schwangerschaftspfunde werden damit auch super kaschiert...

Nadja, 23
1 Kind | Instagram: mamaschildi

NEHMT GENUG WINDELN MIT. GENUG. IMMER.

Habt immer genug Windeln dabei! Auch wenn ihr ganz kurz aus dem Haus wollt. Nur mal schnell zum Arzt ein Rezept holen? Dieses »kurz« wird es nicht geben – nicht beim Arzt, nicht mit einem Baby und mit den Tausenden Menschen, die es anschauen und anlachen wollen. Und ich verspreche: Es wird genau dann passieren – das große Unglück in der Windel. Und nein! Auch eine Windel reicht nicht aus. Sie wird gesprengt werden – gnadenlos. Egal, wie viel vorher schon aus eurem Kind herauskam. Und dann gibt es Geschrei. Seid vorbereitet und nehmt genug Windeln mit! Immer.

Wissenswertes

- *Durchschnittlich* 1071 *Euro pro Person geben die Deutschen für ihren Urlaub aus und sind dafür 12,1 Tage unterwegs. Das entspricht einem Budget von 89 Euro pro Tag und Person.*[50]

- *Ein* KINDERREISEPASS *ist Pflicht für Babys, wenn sie reisen sollen. Der Pass wird bis zum vollendeten 12. Lebensjahr ausgestellt und er gilt 6 Jahre. Die Ausstellung des Dokuments kostet 13 Euro, die Verlängerung 6 Euro.*[51]

- *Familienurlaub ist teuer: Für 1 Woche Aufenthalt in einem Hotel einer Ferienanlage mit Halbpension müssen Familien mindestens* 2.500 *Euro einplanen.*[52]

- *Rund 75.000 Euro kostet eine einjährige* WELTREISE *für eine vierköpfige Familie.*[53]

- *Eltern verbringen jeden Tag 1 Stunde und 20 Minuten mit der* BETREUUNG *ihrer Kinder unter 6 Jahren – 10 Minuten mehr als vor rund 10 Jahren. Kinder im Alter von 6 bis 7 Jahren werden täglich rund 15 Minuten zu Terminen gefahren oder begleitet.*[54]

50 http://www.sueddeutsche.de/geld/tourismus-oma-packt-die-koffer-1.2335580
51 http://www.baby-und-familie.de/Reisen/Kinderreisepass-Pflicht-auch-fuer-die-Kleinsten-205593.html
52 http://www.mz-web.de/leben/reise/sommerferien-2015-welches-budget-familien-fuer-urlaub-einplanen-muessen-1712724
53 http://www.bild.de/reise/traumreisen/weltreise/familie-ein-jahr-auf-weltreise-37135248.bild.html
54 http://www.zeit.de/news/2016-05/10/familie-eltern-verbringen-taeglich-80-minuten-mit-ihren-kindern-10133603

Die Autorinnen

Alessia Vetter

Alessia, 26 Jahre, ist Mama von Mila (2,5 Jahre) und Loui (1 Jahr). Sie wohnt in Hamburg und zeigt auf YouTube ihren Alltag als Mama und erzählt von ihren Erfahrungen. Auf Instagram postet sie Bilder von Ausflügen, Missgeschicken und „was grade bei uns los ist und ansteht". Die gelernte Friseurin liebt es, andere Leute auch privat noch hübsch zu machen und gerade hat sie das Nähen für sich entdeckt.

Instagram: **kunterbunter_youtube** | YouTube: **KunterBunter** | Facebook: **KunterBunter**

Alex

Alex, 43 Jahre alt, kommt aus Niederösterreich. Die Consultant für Prozessmanagement in der IT/Telekommunikation lebt dort mit ihren drei Kindern und bloggt als »Die Wohnsinnige« über Interior, Familie, Reisen mit Kindern und Food.

Instagram: **die.wohnsinnige**

Anne-Katrin Graß

Die 31-jährige Anne-Katrin ist Erzieherin, momentan jedoch in Elternzeit. Sie lebt mit ihrem Mann Björn und der einjährigen Tochter Leni Lisanne sowie deren achtjähriger Halbschwester in Baunatal. Auf ihrem Instagram-Kanal »Mamiherzchen« dreht sich alles um ihr Familienleben und Glücksmomente, aber auch die Sorgen, die das Mamasein so mit sich bringt.

Instagram: **Mamiherzchen**

Annika Christina Kremer

Annika, 28 Jahre alt, kommt aus Korschenbroich in Nordrhein-Westfalen und ist Mama- und Fashionbloggerin aus Leidenschaft. Ihr Sohn Matti wurde im Januar 2016 geboren. Sie ist gelernte Eventmanagerin, hat Germanistik in Köln studiert und bloggt nun offiziell seit Anfang 2016.

Blog: **theshadegirl.com**
Instagram: **theshadegirl**

Antonella Seiboth

Antonella, dreißig Jahre alt, ist eine deutsch-italienische Mama. Sie lebt mit ihrem Mann Andreas und dem gemeinsamen Sohn Elia Matteo, geboren im März 2016, im bayrischen Bad Windsheim. Antonella arbeitet im Vertriebsinnendienst und hat in ihrer Elternzeit das Bloggen für sich entdeckt.

Blog: **coccinellamia.wordpress.com**
Instagram: **coccinella___mia**

Berit Hullmann

Berit Hullmann, 35 Jahre alt, aus Essen, hat zwei Töchter (geboren 2012 und 2014) und bloggt seit ihrer ersten Schwangerschaft. Zunächst schrieb die gelernte Journalistin lustige Anekdoten aus dem Mama-Alltag und daraus entstand ihr erstes Buch »Das Möhrchen-Massaker«. Ihre zweite Tochter wurde mit einer seltenen Erkrankung geboren und mit einem Jahr lebertransplantiert. Seitdem bloggt sie auch über das Leben mit einem »besonderen« Kind.

Blog: **babyleaks.net** | Facebook: **Babyleaks**
Instagram: **babyleaks12**

Carina Prinzwald

Carina, von allen Ina genannt, ist 27 Jahre alt, arbeitet als Altenpflegerin und wohnt mit ihrer Familie in Frankfurt. Ihre dreijährige Tochter Mia Sofie ist ihr ganzer Stolz – auf Instagram erzählt Carina von ihr und dem Leben mit Kind, aber stellt auch Outfits und Deko-Inspirationen vor.

Instagram: **lovemyminnieme**

Chantal Kramer

Chantal, 25 Jahre alt, lebt mit ihrer Tochter Alissia Jolin, geboren im Dezember 2015, in Freiburg in der Schweiz. Sie ist Choreografin ihrer eigenen Tanzgruppe »neXt dance company« und bloggt über Themen wie Baby, Lifestyle, Reisen und Tanz.

Instagram: **a.instamommy**

Christin Wirth

Christin, 28 Jahre alt, ist seit 2015 mit einem Italiener verheiratet. Auch das Land liebt sie sehr – und Pasta und Pizza natürlich! Das Paar lebt mit zwei Töchtern in einem kleinen Dorf im Schwabenländle. Christin ist ein Putzteufel, kocht sehr gerne und arbeitet täglich eifrig ihre To-Do-Liste ab. Ihr Blog Christiinamour begann 2014 als Hobby und ist nun ihre große Leidenschaft. Sie erzählt dort von Essen, Lifestyle, Familienleben und den schönen Dingen im Leben.

Instagram: **christiinamour**

Christine Korpel

Christine, 35 Jahre alt, ist seit Kurzem Zweifachmama von Jan, zwei Jahre alt, und Tim, geboren im Herbst 2016. Sie wohnen in einem Haus an der Nordsee. Christine ist Verwaltungsfachangestellte, zurzeit aber in Elternzeit. Vor etwa drei Jahren hat sie Instagram für sich entdeckt, tauscht sich dort mit anderen Müttern über Alltägliches aus und teilt Einblicke in ihr Familienleben.

Instagram: **Happysideofmylife**

Christine Stein

Christine hat zwei Kinder: Smilla und Toni. Die Familie lebt in Nordrhein-Westfalen und Christine ist seit 2005 selbstständig. Über sich selbst sagt sie, dass sie wohnbegeistert, kreativ und leicht chaotisch ist.

Instagram: **villa_smilla**

Daniela Wolf

Dani, 33 Jahre jung, lebt mit ihrem Sohn (drei Jahre) und ihrem Mann in Heilbronn. Sie arbeitet in Teilzeit als Büro-Allrounderin und in Vollzeit als Mama. Nebenbei schreibt sie seit 2014 mit viel Herz, Offenheit und Ehrlichkeit den Blog Gluckeundso.de mit Schwerpunkten auf Familie, Lifestyle und Reisen. Ihr ist es wichtig, alle Seiten des Elternseins abzubilden: Die Liebe zu ihrem Kind genauso wie Themen wie Depression oder auch Tod.

Facebook: **gluckeundso**
Instagram: **gluckeundso**

Denise Bruns

Denise, 34 Jahre alt und selbst eineiiger Zwilling, ist stolze Mama der zweieiigen Zwillinge Henry und Paul (fünf Jahre alt). Ihren Mann lernte sie schon mit 15 Jahren kennen. Die Familie lebt in Mühlheim an der Ruhr.

Instagram: **Zuckerzimtzauber**

Désirée Hirmer

Désirée, 33 Jahre alt, wurde 2012 Mutter von Pia. Drei Jahre später folgten die Drillinge Hannes, Julia und Max. Mit vier Kindern alleinerziehend wohnt die gelernte Kinderkrankenschwester in einem kleinen Ort in Oberbayern und teilt ihr lautes und kunterbuntes Leben auf Instagram.

Instagram: **backstoffmama_**

Doris Flury

Doris kommt ursprünglich aus Österreich, lebt aber seit mehr als zehn Jahren in der Schweiz. Die gelernte Ernährungswissenschaftlerin ist eine Working Mom mit drei kleinen Kindern. Sie liebt süße, gesunde Köstlichkeiten und teilt diese Leidenschaft auf ihrem Blog und ihrem YouTube-Kanal.

Instagram: **mrsflury** | YouTube: **Mrs Flury**

Eileen Flemming

Eileen, 25, ist eine alleinerziehende Studentin mit Wurzeln im Ruhrgebiet. Nach dem Abitur hat sie Zahnmedizin studiert und ist 2014 der Bundeswehr beigetreten, um ihr Medizinstudium zu beenden. Für den klinischen Abschnitt zog sie nach Thüringen, wo sie nun mit ihrem Sohn Theodor, geboren im September 2016, lebt.

Instagram: **cand.med.mami**

Elfi Wüsten

Elfi, 28 Jahre alt, ist glücklich verheiratet und Mama von Sophia (drei Jahre) und Leni (ein Jahr). Nach Studium und aufregenden Jobs ist sie nun Vollzeitmama und Bloggerin. Ihre Themen: gesunder Family Lifestyle, Selbstverwirklichung und die Sternstunden sowie Herausforderungen des Mama-Jobs!

Blog: **traumjobmama.de**
Facebook: **Traumjob:Mama**
Instagram: **traum-job.mama**

Eva Imhof

Die 38-jährige TV-Moderatorin Eva Imhof pendelt für ihren Job als Wetterfee und Reporterin bei RTL und n-tv zwischen Berlin und Köln, zwischen Kind und Karriere. Sie hat das Buch »Bei uns läuft's kacka. Scheitern als Eltern – aber richtig!« geschrieben – zusammen mit ihrem Mann, dem TV-Moderator Peter Imhof. Seit 2014 berichten die beiden auf ihrem YouTube-Kanal »Die Imhofs« über ihr kunterbuntes Leben mit ihren Zwillingstöchtern.

YouTube: **dieimhofs**

Fabia Vasen

Fabia ist Mama von vier Kindern – einem neunjährigen Sohn und drei Töchtern (sieben, vier und zwei Jahre alt). Die Sozialmanagerin gründete im Mai 2016 »ManyMiniThings«, ein Online-Magazin für nachhaltigen, bewussten und grünen Lebensstil mit Kindern.

Instagram: **manyminithings**
Website: **manyminithings.com**

Francesca Esposito

Francesca, 27 Jahre alt, kommt aus Dortmund. Im Mai 2016 ist sie Mama geworden: Vom Leben mit ihrer »kleinen Prinzessin« Mia Aurora und dem Alltag als Familie erzählt sie auf ihrem Instagram-Account »Mamma della Principessa«.

Instagram: **MammadellaPrincipessa**

Frida Mindt

Frida Mindt, dreißig Jahre alt, wohnt im wunderschönen Hamburg mit ihren drei Kindern Oskar (fünf Jahre), Tilda und Karla (beide drei Jahre). Während ihrer ersten Elternzeit startete sie ihren Personal Style Blog, in dem sie Outfits von sich zeigt und Dinge sowie Persönlichkeiten vorstellt, die sie inspirieren und die sie mag. Sie arbeitet in einer Werbeagentur als Assistenz der Geschäftsführung und trainiert für den nächsten Triathlon.

Blog: **fridafridafrida.com**
Instagram: **frida_mindt**

Gesine

Gesine, Mitte dreißig, Büroheldin in Elternzeit, ist Mama zweier wunderbarer Töchter und Frau eines tollen Mannes. Die Familie wohnt, lebt und lacht im Harz, idyllisch am Bergesrand. Gesine liebt ihre Pferde, Yoga und guten Kaffee. Auf Instagram erzählt sie von ihrem Alltag mit ihren wundervollen Mädchen sowie Geschichten aus dem Stall und von allem, was sie gerne mag.

Instagram: **mummy_birdie**

Heidi

Heidi, 37 Jahre alt, ist Mutter von vier Jungs: Maximilian (17), Moritz (13), Jean-Luca (11) und Lesandro (10). Auf ihren Kanälen berichtet sie von ihrer Familie und beschäftigt sich mit den Themen Food und Lifestyle.

YouTube: **Rosella Mia** | Instagram: **rosellamia**
Snapchat: **Rosellamia**

Inga Strangmeyer

Inga, 21 Jahre alt, wohnt in Hessen – in der Schokoladenstadt Stadtallendorf. Ihre Tochter Gina ist anderthalb Jahre alt und die beiden teilen sich dasselbe Geburtsdatum. Derzeit ist Inga in Elternzeit und bloggt nebenbei: Sie schreibt über Mama-Themen, Mode und Lifestyle.

Blog: **ingaavenue.com** | Instagram: **ingaavenue**
YouTube: **InagaAvenue**

Isabell Schirmer

Isabell, 24 Jahre alt, kommt aus der Pfalz und ist Ehefrau, Mama der einjährigen Mia, Sport- und Fitnesskauffrau sowie selbstständige Schmuckdesignerin mit einem Onlineshop – und sie bloggt für ihr Leben gerne. Seit mehr als zwei Jahren berichtet sie ihren Lesern aus dem ganz normalen Alltag einer berufstätigen Mama, verrät Backrezepte oder gibt Tipps zur Inneneinrichtung.

Blog: **fuehlmitmir.blogspot.de** | Facebook: **bellaliebtmia** | Instagram: **Bella_liebt_mia**

Jaana Kazmierski

Die 24-jährige Jaana ist Mama »einer kleinen, verrückten Maus«, die 2015 geboren wurde und seitdem ihren Alltag und den ihres Mannes komplett auf den Kopf stellt. Die drei leben in Ulm und Jaana zeigt seit ihrer Schwangerschaft auf Instagram Bilder zum Thema Baby, Leben mit Kind und Alltag als kleine Familie.

Instagram: **jaanagoeslightly**

Jana Bergmann

Jana, 28 Jahre alt, lebt in Hamburg und Oslo – ihr Mann ist Norweger und sie pendeln hin und her, bis wahrscheinlich Norwegen ihre neue Heimat wird. Ihre Tochter Alva ist anderthalb Jahre alt, eine Schwester ist unterwegs.

Instagram: **tinydaughters**

Jana Hesse

Jana, 29 Jahre alt, lebt mit ihren Töchtern Carla und Noemi (zwei und sieben Jahre alt) sowie ihrem Mann am Rande des Wahnsinns – oder auch in Berlin. Hauptberuflich ist sie Headhunterin, sonst Supermama, Wonderwoman, Amateurärztin, Tierpflegerin und Bloggerin. Sie schreibt Kolumnen über den Alltag mit ihren zwei Mädchen, »die aussehen wie süße kleine Elfen, sich aber leider nicht so benehmen«.

Blog: **mammaville.de**

Jana Störmer

Jana lebt mit Mann und Sohn (zwei Jahre) in Bonn. Seit fünf Jahren bloggt die studierte Marketing-Managerin auf »MissBonn(e)Bonn(e)« und berichtet von schönen Reisezielen, ihren liebsten Produkten, Fashion oder Interieur. Und natürlich erzählt MissBB auch Geschichten aus der Mama- und Baby-Welt, gibt Tipps, Empfehlungen und teilt Erfahrungen und Checklisten.

Website: **missbonnebonne.com**

Jana Weik

Jana, 22 Jahre alt, lebt in der Nähe von Köln. Im Jahr 2013 hat sich Leevi als wunderschöne Überraschung angekündigt und sie als Bauchbewohner durch ihr Abitur begleitet. Heute ist er drei Jahre alt und seit Frühjahr 2017 großer Bruder. Janina studiert Soziale Arbeit und jobbt nebenbei in der Kita ihrer Uni. Auf Instagram berichtet sie aus ihrem »kunterbunten, etwas chaotischen Familien-und Studentenalltag«.

Instagram: **unsere.bunte.welt**

Janina Bittdorf

Janina, 23 Jahre alt, ist Mutter von Noah (geboren 2011) und Elsa (geboren 2016). Die Familie lebt am Niederrhein und Janina studiert Kindheitspädagogik. Auf Instagram erzählt sie seit 2014 vom aufregenden Leben als Studentin mit Kind und Baby.

Instagram: **janina1604**

Janina Dötzel

Janina, 27 Jahre alt, ist ein »Hauptstadtmädchen« – die gelernte Erzieherin kommt aus Berlin und lebt dort mit ihrem kleinen Sohn Levi, der im Herbst 2016 geboren wurde. Als sie schwanger wurde, hat sie angefangen, regelmäßig zu bloggen und mit der Community fleißig Bilder zu teilen.

Instagram: **nini.liebt**

Janine Fischer

Janine, 31 Jahre alt, lebt seit sechs Jahren in Basel – mit ihrem Mann und mit Sohn Fynn, der im August 2016 geboren wurde. Janine bloggt über ihr Leben mit Baby und will zeigen, dass man auch als Mama mit Kind alles erleben und unternehmen kann.

Instagram: **Janiniditahiti**
Blog: **ninilovesfashion.de**
YouTube: **Janiniditahiti**
Snapchat: **Janiniditahiti**

Janine George

Janine, 39 Jahre alt, ist stolze Mama der kleinen Greta, geboren im Oktober 2015. Alleinerziehend mit Mann meistern die beiden ihren Alltag zwischen Berlin und Wien – »Klingt aufregend, ist aber nicht immer ganz einfach«, sagt Janine. »Trotzdem liebe ich mein Leben!« Seit ihrer Schwangerschaft bloggt sie zu den Themen Mama, Baby und Lifestyle.

Blog: **mumlife.de** | Instagram: **new2berlin**

Jasmin Nosber

Jasmin, 27 Jahre alt, lebt mit ihrem Mann Niklas und Sohn Samuel, geboren im August 2015, in Köln. Im Sommer 2017 kommt Baby Nummer zwei dazu. Die Studentin bloggt über ihren Alltag zwischen Uni und Familie, über Mode, Unternehmungen, Fitness und Reisen, sie teilt ihr Glück, aber auch ihre Sorgen mit ihren Followern.

Blog: **familienimmerland.de**
Instagram: **misszimtundzucker**

Julia Scharnowski

Julia Scharnowski, 36 Jahre alt, ist Journalistin und lebt mit ihrem Mann im Ruhrgebiet. Als sie Anfang 2015 von ihrer Zwillingsschwangerschaft erfuhr, startete sie den Blog »Doppelkinder – Schicksalsjahre einer Zwillingsmutter«. Dort berichtete sie über ihre Schwangerschaft, die Veränderungen, die diese mit sich brachte, und seit rund anderthalb Jahren über das Leben mit ihren zweieiigen Zwillingssöhnen.

Blog: **doppelkinder.wordpress.com**
Instagram: **doppelkinder**
Facebook: Doppelkinder

Julia Thiem

Julia, 29 Jahre alt, hat zwei Kinder (drei Jahre und ein Jahr). Die Online-Redakteurin lebt in Leipzig. Sie bloggt seit April 2016 zu den Themen Familie, Gesellschaft, Politik, Psychologie und Ratgeber.

Blog: **capuletscuties.de**
Facebook: **capuletscuties**

Kamila Szwaja

Kamila, 25 Jahre alt, ist im Oktober 2015 zum ersten Mal Mama geworden. Mit ihrem Sohn und dessen Papa wohnt sie in einem Vorort von Vechta. Die gelernte Gesundheits- und Krankenpflegerin arbeitet in Teilzeit im Krankenhaus. Seit ihrer Schwangerschaft hält sie ihren Alltag auf Instagram fest.

Blog: **fieska.de** | Instagram: **fieska**

Katarina Boritzki-Greiner

Katarina, 37 Jahre alt, ist verheiratet mit dem besten Ehemann und Vater ihrer vier Jungs: Maximilian (16 Jahre), Milan (10 Jahre), Mauritz (8 Jahre) und Mika (6 Jahre). Sie ist in Berlin geboren und lebt dort bis heute im gleichen Kiez. Katarina ist gelernte Augenoptikerin, hat aber vor 14 Jahren ihr Hobby zum Beruf gemacht und ist Fitness-Trainerin geworden – seit vier Jahren ist sie selbstständige Personal Trainerin.

Instagram: **personaltraining_pankow**
Facebook: **personal-training-pankow.de**
Website: **personaltraining-pankow.de**

Katharina Berlin

Katharina Berlin ist 35 Jahre alt und stolze Mama einer dreijährigen Tochter und eines sechsjährigen Sohnes. Sie betreibt seit zehn Jahren einen kleinen Beauty-Laden in Berlin Prenzlauer Berg und fertigt unter dem Label edel weiss Kinderaccessoires wie Ketten oder Armbänder an. Ihr Herz schlägt für Interieur Design und sie stöbert liebend gern auf Flohmärkten, immer auf der Suche nach neuen Einrichtungsideen für ihre Wohnung.

Instagram: **katharinamaria**

Katharina Wallner

Katharina wurde schon mit 19 Jahren Mama – ihr Sohn Marlon kam vier Monate zu früh auf die Welt. Er zeigt ihr jeden Tag aufs Neue die Welt aus seiner Sicht. Katha ist von Anfang an alleinerziehend und wohnt mit einer Freundin in einer WG: »Wir sind bunt, chaotisch, lachen viel, lieben die Natur.« Sie bloggt seit vier Jahren, erzählt viel von ihrem Alltag, stellt DIY-Projekte vor und gibt Tipps für Ausflüge und Reiseziele.

Blog: **maakaamaa.blogspot.de** | Instagram: **maakaamaa** | YouTube: **MaKaMa**

Lisa-Marie Preuß

Lisa, 26 Jahre alt, lebt mit ihren beiden Kindern (vier Jahre) und Marielu (ein Jahr) und ihrem Freund Teja in Hamburg. Nach zwei Monaten Beziehung mit Teja wurde sie trotz Pille schwanger und somit im Alter von 21 Jahren zum ersten Mal Mutter. Auf Instagram und ihrem eigenen Blog will Lisa zeigen, dass das Leben eben immer eine Überraschung parat hält und junge Eltern super sind.

Instagram: **lisamamafe** | Snapchat: **lisamamafe**

Magdalena Löwe

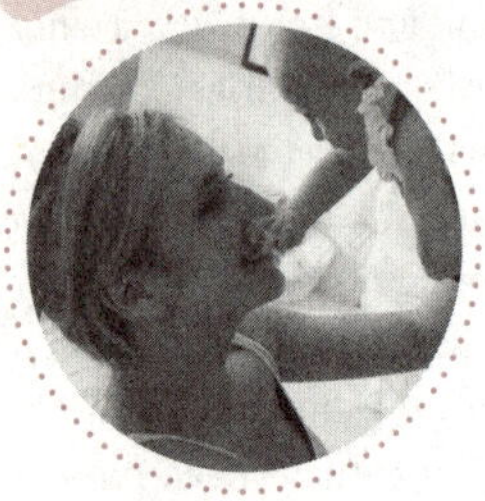

Maggie, 23 Jahre alte Hamburgerin, ist stolze Mami der zehn Monate alten Yuna Valentina, und Verlobte von Tim. Sie ist Kommunikationsdesignerin und Studentin - und hat mit SOLT UN PEPER ihr eigenes Design-Label gegründet.

Instagram: **sophies.journal**
Snapchat: **sophies_journal**

Mary Gringer

Mary, 28 Jahre alt, ist Eventmanagerin, veranstaltet Partys und führt mit dem »bewaffel dich« ein eigenes Café in Halle/Saale. Ihr Freund ist ein DJ und gemeinsam rocken sie den Alltag mit ihrer fast zweijährigen Tochter Hella. Mit zur Familie gehören noch ungewöhnliche Haustiere: Die vier (doch nicht ganz so kleinen) Mini-Schweine Eberhard, Rüdiger, Holger und Werner.

Instagram: **marymitherz**

Melanie Wilhelmi

Melanie, 37 Jahre alt, wohnt in Winnenden nahe Stuttgart. Sie ist seit 2005 mit ihrem Mann David verheiratet und die beiden bilden eine glückliche kleine Patchworkfamilie: Der 16-jährige Sohn Neo kommt aus einer früheren Beziehung, die gemeinsame Tochter Neele ist elf Jahre alt. Melanie hat Einzelhandelskauffrau gelernt und noch ein Studium »Sportmarketingmanagement« angehangen.

Instagram: **meinekleineliebe**
Shop: **www.meinekleineliebe.de**
Facebook: **meinekleineliebe.de**

Michèle Trost

Michèle, 32 Jahre alt, arbeitet als Life & Business Coach sowie Fotografin. Sie lebt mit ihrem Mann und ihrer Tochter Lélia, die Anfang Oktober 2016 geboren wurde, in der Nähe von Ingolstadt. Michèle bloggt seit ihrer Schwangerschaft auf Instagram, vor allem zu den Themen Baby, Fotografie und Lifestyle.

Instagram: **mimiundkruemel**

Michelle Elsner

Michelle, 22 Jahre alt, wohnt mit ihrer kleinen Familie in Kaiserslautern in der Pfalz. Ein Jahr nach ihrer Ausbildung zur Bürokauffrau wurde im Sommer 2015 ihr Sohn Liam geboren. Seit ihrer Schwangerschaft teilt sie auf Instagram ihren Alltag und die wunderbaren Momente, die man als Mama erlebt.

Instagram: **aus_zwei_mach_vier**

Michelle Schwedt

Michelle, 23 Jahre alt, ist Hebamme und lebt mit Freund und der gemeinsamen Tochter Lene in der Nähe von Berlin. Sie berichtet auf Instagram über das Leben als Mama, den Alltag mit Baby und die Herausforderungen die dazugehören, Onlineshopping sowie Kochen und Ernährung – »man will ja schließlich seinen After-Baby-Body wieder in Form bekommen«.

Instagram: **mi.chelle__**

Mira König

Krankenschwester Mira König, 31 Jahre alt, ist seit 1,5 Jahren verheiratet und Mama eines Weihnachtsbabys, das am 24. Dezember 2015 geboren wurde. Sein Name ist Levi. Zusammen mit Kater Rockstar wohnt die Familie am Rande von Hamburg, Miras Heimatstadt. Auf Instagram hat sie zuerst vor allem die Näharbeiten für ihr eigenes kleines Label präsentiert, bis sie auch von ihrer Schwangerschaft und dem Leben mit Baby erzählte.

Instagram: **liebsteweltmitdir**

Miriam Höfel

Miriam, 25 Jahre alt, ist Mama von Aden, der im Sommer 2016 geboren wurde. Sie lebt mit ihrer kleinen Familie in Krefeld und liebt ausgiebige Spaziergänge, Fitness und Quality time mit den Liebsten. Seit Beginn ihrer Schwangerschaft tauscht sie sich auf Instagram mit ihrer wachsenden Community aus.

Instagram: **mamaglueck2016**

Mirja Künnemeyer

Mimi, 31 Jahre alt, ist Mama des kleinen Fred (zehn Monate alt). In ihrem »vorigen Leben« hat sie in der Mode PR gemacht. Heute stürmt sie dagegen Babybasare, Spielplätze und Mamicafés – und liebt es! Seit ihrer Schwangerschaft bloggt sie über die wichtigsten Dinge im alltäglichen Mama-Wahnsinn, ohne jedoch alles zu ernst zu nehmen.

Instagram: **Mimi_und_Mini**

Monja Braun

Die 21-jährige Monja wurde im März 2015 Mama von Rafael, Rafi genannt. Gemeinsam mit ihm und Papa Andrés lebt sie in Freiburg. Nach Mama-Pause und einem längeren Aufenthalt in Kanada macht sie nun eine Ausbildung zur Medizinischen Fachangestellten und das klappt bisher – auch mit Kind! – ganz wunderbar.

Instagram: **monjacarina**

Nadja Matkovic

Sie sei »irgendwas zwischen Helikoptermom, Teeniemutter und Teilzeit-Grantlerin«, sagt die 23-jährige Nadja. Sie lebt mit ihrem Partner und dem gemeinsamen Sohn Milan in Bamberg. Nadja hat BWL studiert, arbeitet in der Steuerkanzlei ihres Vaters und berichtet auf ihrem Instagram-Account über das Leben als arbeitende Mutter – realitätsnah und unverblümt, allerdings stets mit einem Augenzwinkern.

Instagram: **mamaschildi**

Nastasja Roth

Nastasja, 28 Jahre alt, ist Pädagogin und wohnt in Stuttgart. Mit 24 Jahren wurde sie zum ersten Mal Mama einer wunderbaren, kleinen Tochter. Im Sommer 2016 kam dann ihr Sohn zur Welt und hat das Familienglück perfekt gemacht. Seit 2013 zeigt Nastasja auf Instagram ihre Alltagsoutfits und postet Geschichten zum Mama-Alltag.

Instagram: **modezarin**

Natascha Romano

Die Deutsch-Italienerin Natascha Romano, 38 Jahre alt, lebt seit 2008 in Dänemark: Nachdem sie sich 2007 in einen Dänen verliebte, wagte sie den Schritt nach Kopenhagen und gründete dort eine Familie mit zwei Kindern – Kirsten ist sieben, Rolf fünf Jahre alt. Seit 2014 leben die Eltern getrennt. Natascha hat Schauspiel studiert, arbeitet inzwischen in der Altenpflege, unterrichtet Kinderyoga und macht eine Coaching-Ausbildung zum Thema Selbstwertgefühl/ Eigenliebe.

Blog: **MOReMe** | Instagram: **nataschoromano**

Nela Lee

Nela Lee ist 36 Jahre alt, lebt im Ruhrgebiet, ist verheiratet und hat einen Sohn. Bekannt wurde sie als Moderatorin im TV, unter anderem bei VIVA, ZDF und ProSieben. Sie ist Social-Media-begeistert und auf Twitter, Instagram, Snapchat und Facebook aktiv. Seit 2014 betreibt sie zudem ihren eigenen YouTube-Kanal. Dort berichtet sie regelmäßig über ihr Leben mit Familie, postet Baby-Updates und teilt authentisch ihre Mama-Erfahrungen mit der Community.

Facebook: **NelaLeeOfficial**
Instagram: **NelaLee** | YouTube: **NelaLee**

Nicki Pistola

Nicki, 33 Jahre alt, lebt mit ihrem vierjährigen Sohn in Oberhausen. Sie bloggt seit vier Jahren und hat in ihrer Schwangerschaft einen YouTube-Kanal gestartet. Sie filmt unter anderem ihr Familienleben, berichtet über Trotzphasen oder gibt Produktempfehlungen.

YouTube: **Nickisbeautyworld** | Instagram: **nickis_beautyworld** | Snapchat: **nickisbeautyw**

Nicole Tiedemann

Nicole, 25 Jahre alt, ist Einzelhandelskauffrau und lebt in Nordsehl. Ihr einjähriger Sohn Mattis ist noch ein Einzelkind. Nicole bloggt seit etwa vier Jahren – anfangs drehte sich noch fast alles um ihren Wunsch abzunehmen, heute geht es vor allem um ihren Alltag als Mama.

Instagram: **prettylittlelion_**

Paloma Sabel

Die 23-jährige Studentin Paloma hat deutsch-brasilianische Wurzeln und lebt in Düsseldorf. Ihre Tochter hat sie mitten im Studium bekommen und erzählt nun auf Instagram vom Alltag als junge Mutter. Da ist viel Planung gefragt, unter anderem weil Paloma gern Sport macht.

Instagram: **momcrusheveryday**

Rebecca Arleth

Rebecca ist 25 Jahre alt. Ihr Sohn Robin wurde im Mai 2015 geboren, Freund Frank und die Französische Bulldogge Lilli machen die kleine Familie komplett. Auf ihrem Instagram-Kanal und dem gleichnamigen Facebook-Blog hinterlässt sie Bilder und Gedanken zu ihrem Fami-lienleben im schönen Steigerwald, es dreht sich meist alles rund um Baby, Lifestyle, Fashion und auch ein bisschen DIY.

Instagram: **batmom_and_little_robin**
Facebook: **Batmom.and.little.robin** | Blog: **www.batmom-and-little-robin.de**

Samar

Samar, 35 Jahre alt, lebt mit ihrem Mann und drei Kindern im Alter von zwei, fünf und sieben Jahren in Frankfurt am Main. Während ihrer aktuellen Elternzeit trainiert und coacht die Bankangestellte Mütter zu einem gesunden, energiegeladenen Körper.

YouTube: **Mumyfit**

Sandi Stütz

Sandi, 31 Jahre alt, kommt aus Nellingen, einem kleinen Ort auf der schwäbischen Alb. Sie hat eine Tochter (vier Jahre), einen Sohn (zwei Jahre) und zusammen mit ihrem Ehemann »noch nicht vor, die Kinderproduktion zu beenden«. Für Sandi ist das Muttersein ein ewiger Lernprozess und auf ihrem Blog tauscht sie sich gern mit anderen Familien darüber aus.

Blog: **stranddeswahnsinns.wordpress.com**
Instagram: **_sandibeach_**

Sandra Gödke

Sandra, dreißig Jahre alt, wohnt mit Mann, Tochter (vier Jahre) und Sohn (ein Jahr) in einem kleinen Dorf bei Diepholz. Seit Anfang 2015 bloggt sie über Mama-Themen, das Landleben, die Balance zwischen Arbeit und Familie und über bewusste Lebensführung.

Blog: **landmamiblog.wordpress.com**

Sandra Schauland

Sandra, 28 Jahre alt, lebt mit Mann und zwei Kindern in Berlin und ist gerade in Elternzeit. Zum ersten Mal Mutter wurde sie mit 21 Jahren: Damals kam ihre Tochter auf die Welt, sieben Jahre später ihr Sohn. In der Socialmedia-Welt ist Sandra seit drei Jahren unterwegs und es macht ihr großen Spaß, anderen Leuten kleine Einblicke in ihr Privatleben zu geben und sich mit anderen Müttern auszutauschen.

Instagram: **zuckerwattenwunder**

Sara Rieser

Sara, zwanzig Jahre alt, wohnt mit ihrem Freund und dem gemeinsamen zweijährigen Sohn Luca in Tirol. Dort arbeitet sie als Restaurantfachfrau in einem kleinen Café. Sie teilt auf Instagram ihre Erfahrungen als Mama und freut sich immer wieder über den Austausch mit anderen Familien.

Instagram: **_s_a_rr_a**

Saskia Staples

Saskia, 24 Jahre alt, ist gelernte Altenpflegehelferin und kommt aus Wetzlar. Im April 2015 kam ihre Tochter Viktoria auf die Welt, ein Geschwisterchen ist unterwegs. Seit der ersten Schwangerschaft bloggt Saskia auf Instagram über ihren Alltag mit Mann, Kind und Mops.

Instagram: **sassioo**

Sonja Elsässer

Sonja, 31 Jahre alt, lebt in Stuttgart. Sie hat 2013 geheiratet und ist seit Februar 2015 wahnsinnig stolze Mama der kleinen Liva. Die Storemanagerin ist derzeit noch in Elternzeit und seit einigen Monaten gehören noch drei Tageskinder zu ihrem Alltag. Auf ihrem YouTube-Channel erzählt Sonja aus ihrem Mädchenmama- und Familienleben.

YouTube: **oneloveliva**

Sophia Dinu

Sophia, 28 Jahre alt, lebt im Speckgürtel Berlins zusammen mit ihrem Mann und dem zweijährigen Sohn. Sie ist gelernte Radiomoderatorin und -redakteurin sowie Sprecherin und bloggt seit 2014 über die Themen Sport, Ernährung und Lifestyle.

Instagram: **sophia_pauline** | Website: **fitandfab.de** | Snapchat: **pophia_sauline**

Stefanie Riedlecker-Virtudazo

Stefanie, 27 Jahre alt, lebt mit ihrem Mann und der zweijährigen Tochter Zoe im Salzburger Land. Als Assistentin in einem Medienunternehmen war ihr das Bloggen nicht fern – trotzdem fing sie erst Ende 2015 damit an. Sie berichtet über Entwicklungsschritte, Alltagserfahrungen und Mama-Probleme.

Blog: **mamiundich.org**
Instagram: **mamiundich**

Stella Bawü

Stella, 24 Jahre alt, kommt aus Karlsruhe, ist glücklich verheiratet und Mama eines zweieinhalbjährigen Sohnes namens Nikolai. In ihren Beiträgen auf YouTube, Instagram, Facebook und ihrem Blog zeigt sie seit 2013 ihren Alltag als junge Mama zwischen Windeln wechseln, ihrem Beruf als Bürokauffrau, zweiter Schwangerschaft und Frau-Bleiben.

YouTube: **StellaBawü**
Instagram: **stellabawue**

Stephanie Nischwitz

Steffi, 31 Jahre, ist Mutter eines zweijährigen Sohnes und schwanger mit Sohn Nummer zwei. Die Redakteurin kommt aus der Nähe von Stuttgart. Auf Instagram gibt sie ihren Followern kleine Einblicke in ihr Leben als Frau, Vollzeitmama, Schwangere und Modeliebhaberin.

Instagram: **prettypregnant**

Susanna Goonawardana

Susanna, 37 Jahre alt, hat viele Jahre bei Frauenzeitschriften gearbeitet – erst als Bild-, dann als Moderedakteurin. Nebenbei war sie immer als Stylistin für Fotoproduktionen tätig. Als ihr Sohn Noam etwa ein Jahr alt war, gründete sie den Mama-Blog A Family Affair.

Blog: **afamilyaffair.de**

Tanja Comba

Tanja ist 45 Jahre alt, Journalistin und Mutter von zwei Mädchen, vier und zwei Jahre alt. Die Familie lebt in Köln. Tanja arbeitet fürs Fernsehen, ihren Mode- und Lifestyle-Blog Jomabelle gründete sie 2013 in der ersten Elternzeit. Sie schreibt über Mode, Trends, ihre eigenen Outfits und Reisen. Außerdem interviewt sie prominente Persönlichkeiten aus den Bereichen Mode, Lifestyle und Beauty.

Blog: **jomabelle.com**
Instagram: **jomabellloves**

Tessa Bergmeier

Tessa, 27 Jahre alt, lebt mit ihrer Tochter Lucy (1,5 Jahre alt) in Hamburg. Sie ist Model, Schauspielerin und Sängerin. Bekannt wurde sie unter anderem als Kandidatin der vierten Staffel von Germanys next Topmodel. Auf Instagram zeigt sie ihren Alltag zwischen Spielplatz, Fotoshootings und Musikstudio.

Instagram: **tessa.bergmeier**
Twitter: **@TessaBergmeier**
Facebook: **Tessa.Bergmeier**

Tina Engelmohr

Tina, 25 Jahre alt, lebt mit ihrem Freund und ihrem gemeinsamen Sohn (fünf Monate alt) sowie ihrer fünfjährigen Tochter in Zwingenberg an der Bergstraße. Wie sie es bei all dem täglichen Wahnsinn von schlaflosen Nächten bis zum ersten Wackelzahn schafft, zu bloggen, weiß sie manchmal selbst nicht. Aber sie schafft es und freut sich über regen Austausch mit ihren Lesern.

Instagram: **mamilein**

Tuba Ergün

Tuba, 29 Jahre alt, ist selbstständige Fotografin und zweifache Mutter. Sie lebt mit ihrer Familie in Wiesbaden. Ihr Blog konzentrierte sich anfangs auf die Themen Mode und Lifestyle. Seit ihr Mann und sie 2014 ihre Tochter adoptiert haben, schreibt sie vor allem über Adoption und Bindung. Sie möchte der Welt zeigen, dass eine Adoption auch eine Art Geburt ist.

Blog: **www.tubaerguen.de**
Instagram: **tubaerguen**

Valerie Groß

Valerie, 26 Jahre alt, ist verheiratet und seit zweieinhalb Jahren Mama der süßen Amelie. Sie leben in der Nähe von Augsburg und lieben den Wald, der sie dort umgibt. Nach ihrer Elternzeit will sie beruflich neu starten und ihren Leidenschaften Fotografie und Bloggen nachgehen.

Instagram: **valerielovesheiko**
Blog: **itshappyhere.de**

Vanessa Bonito

Vanessa, 25 Jahre alt, kommt aus Nordrhein-Westfalen und hat eine zweieinhalbjährige Tochter. Sie ist aktuell noch in Elternzeit, vor ihrer Schwangerschaft hat sie in der Pflege gearbeitet und behinderte Kinder betreut. Sie bloggt seit dem Jahr 2014.

Instagram: **Vanessalovesmila**

Vanessa Steinmetz

Vanessa ist 22 Jahre alt und lebt mit ihrer Familie in Nordrhein-Westfalen. Ihr Sohn Channing ist zweieinhalb Jahre alt, seit Februar ist die Familie zu viert. Vanessa erzählt bei Instagram unter »Mamagefuehle« von ihrem Leben als Mama mit all seinen Höhen und auch Tiefen. Ihr ist wichtig, nicht nur über die schönsten Seiten der Gefühle als Mama zu schreiben, sondern auch über die schwierigen.

Instagram: **Mamagefuehle**
YouTube: **Mamagefuehle**
Blog**: www.mamagefuehle.com**

Viktoria Neddermann

Die 27-jährige Vika wurde in Kasachstan geboren und zog mit vier Jahren nach Deutschland, wo sie seitdem in Bremen wohnt. Im Mai 2013 wurde sie Mutter von Isabella. Drei Jahre später hat sie deren Papa geheiratet. Auf YouTube erzählt sie von ihrem Alltag und Themen rund um Lifestyle, Beauty und Hochzeit.

YouTube: **Vikabella** | Instagram: **Vikabella_yt**

Viktoria Nelißen

Viktoria, 29 Jahre alt, lebt mit ihrem Mann Christoph und den zwei Töchtern Luisa (vier Jahre) und Frida (geboren im Sommer 2016) in Neuss am Rhein. Seit Anfang 2016 bloggt sie auf Instagram über Familie, Haus und das Alltagsleben. Wenn Frida ein Jahr alt ist, will Viktoria in ihren alten Beruf in einer Bäckerei zurückkehren.

Instagram: **viktoria_luisa_frida_**

Wiebke Schenter

Wiebke, 33 Jahre alt, ist Mutter einer »lustigen, sensiblen, aufgeweckten und anspruchsvollen« zweijährigen Tochter. Gemeinsam mit dem Papa wohnen sie in Wien. Sie leben unerzogen und bedürfnisorientiert miteinander. Wiebke teilt auf Instagram ihren Alltag, kleine Anekdoten, Gedanken, Probleme und Lösungen mit ihren Followern.

Instagram: **piepmadame**

Yavi Hameister

Yavi, dreißig Jahre alt, ist vor Kurzem mit Mann und ihrem zweijährigen Sohn von Edinburgh nach Essen gezogen und lebt ihre Leidenschaft für Schreiben und Sporteln auch im Job: Sie ist Journalistin, Personal Trainerin und bloggt mit Witz und Ehrlichkeit über ihr turbulentes Leben zwischen Kind, Küche und knackigen Work-outs.

Instagram: **yavi_moves**
Blog: **mama-moves.de**

BILDNACHWEIS AUTORINNENPORTRÄTS

Anne-Katrin Graß: ©Björn Graß; **Annika Christina Kremer:** ©theshadegirl.com; **Berit Hullmann:** ©Claudia Posern/Fotostudio Essen; **Christine Korpel:** ©Christine Korpel; **Daniela Wolf:** ©Flexx Photography; **Désirée Hirmer:** ©Mabelle Fotografie; **Doris Flury:** ©mrsflury.com; **Eileen Flemming:** ©Hans Krum; **Eva Imhof:** ©Moritz Jansen; **Fabia Vasen:** ©Fabia Vasen; **Francesca Esposito:** ©Francesca Esposito; **Frida Mindt:** ©Steffen „Stilpirat" Böttcher; **Gesine:** ©Ben Kruse; **Isabell Schirmer:** ©Photonati.moments; **Jaana Kazmierski:** ©Jaana Kazmierski; **Jana Bergmann:** ©Victor Santiago; **Jana Hesse:** ©Jana Hesse; **Jana Störmer:** ©Mathias Radke; **Janina Bittdorf:** ©Janina Bittdorf; **Janine Fischer:** ©Janine Fischer; **Jasmin Nosber:** ©Jasmin Nosber; **Julia Scharnowski:** ©Mareen Meyer; **Julia Thiem:** ©Julia Thiem; **Kamila Szwaja:** ©Viktoria Bröring / Lichtdurchflutet.net; **Katarina Boritzki-Greiner:** ©Katarina Boritzki-Greiner; **Katharina Wallner:** ©MaKaMa; **Magdalena Löwe:** ©Magdalena Löwe; **Melanie Wilhelmi:** ©db fotodesign; **Michèle Trost:** ©Michèle Trost; **Michelle Elsner:** ©Michelle Elsner; **Michelle Schwedt:** ©Michelle Schwedt; **Mira König:** ©Mira König; **Miriam Höfel:** ©Miriam Höfel; **Monja Braun:** ©Monja Braun; **Nastasja Roth:** ©Nastasja Roth; **Natascha Romano:** ©Lena Paaske; **Nela Lee:** ©Nela Lee; **Nicki Pistola:** ©Nicki Pistola; **Nicole Tiedemann:** ©Nicole Tiedemann; **Paloma Sabel:** ©Paloma Sabel; **Samar:** ©Fotostudio Visuell; **Sandi Stütz:** ©Sandi Stütz; **Sandra Gödke:** ©Sandra Gödke; **Sara Rieser:** ©Sara Rieser; **Sonja Elsässer:** ©Sonja Elsässer; **Stefanie Riedlecker-Virtudazo:**

©Stefanie Riedlecker-Virtudazo; **Stella Bawü:** ©Stella Bawü; **Susanna Goonawardana:** ©Ruth Kobbe; **Tanja Comba:** ©Jessica Kassner; **Tessa Bergmeier:** ©Daniela Glunz; **Tina Engelmohr:** ©Tina Engelmohr; **Valerie Groß:** ©Valerie Groß; **Vanessa Bonito:** ©Thorsten Eisermann; **Vanessa Steinmetz:** ©Vanessa Steinmetz; **Viktoria Neddermann:** ©Viktoria Neddermann; **Viktoria Nelißen:** ©Viktoria Nelißen; **Wiebke Schenter:** ©Clemens Schenter

made with ♥

Impressum

Socialmoms
Babyleicht?!
Die geheimen Tipps und Tricks für das wunderbare und anstrengende erste Jahr mit Baby. Von Mamas für Mamas
ISBN: 978-3-959101-10-3

Eden Books
Ein Verlag der Edel Germany GmbH

www.edenbooks.de | www.facebook.com/EdenBooksBerlin | www.edel.com
1. Auflage 2017

Einige der Personen im Text sind aus Gründen des Persönlichkeitsschutzes anonymisiert.

Projektkoordination: Nina Schumacher
Text und Redaktion: Juliane Gringer
Umschlaggestaltung, Layout und Satz: Katja Vogt
Druck und Bindung: optimal media GmbH, Glienholzweg 7, 17207 Röbel/Müritz

Das FSC®-zertifizierte Papier *Munken Print Cream* für dieses Buch lieferte Arctic Paper, Hamburg.

Die Tipps in diesem Buch wurden von Autoren und Verlag sorgfältig geprüft, dennoch kann eine Garantie nicht übernommen werden. Eine Haftung der Autoren bzw. des Verlags und seiner Beauftragten für Personen-, Sach- oder Vermögensschäden ist ausgeschlossen.

Printed in Germany

Dieses Buch ist auch als E-Book erhältlich.

Um die kulturelle Vielfalt zu erhalten, gibt es in Deutschland und in Österreich die gesetzliche Buchpreisbindung. Für Sie, liebe Leserin und lieber Leser, bedeutet das, dass Ihr verlagsneues Buch jeweils überall dasselbe kostet, egal, ob Sie Ihre Bücher gern im Internet, in einer großen Buchhandlung oder beim kleinen Buchhändler um die Ecke kaufen.